世界遺産「白川郷」を生きる

リビングヘリテージと文化の資源化

才津祐美子

新曜社

長崎大学多文化社会学叢書 1

世界遺産「白川郷」を生きる――目次

装幀――虎尾　隆

凡例

・制度上「文化財」という言葉が使用されるようになったのは一九五〇年に制定された文化財保護法以降だが、本書では、一八七一年の古器旧物保存方以来の、現在の文化財にあたるものにも遡って使用するものとする。同様に、文化財保護制度という言葉も古器旧物保存方以来の日本における制度の総称として用いる。

・日本の文化財保護制度でいう文化財もユネスコの世界遺産条約でいう文化遺産も含むものとして、本書では基本的に文化遺産という言葉を用いる。ただし、明らかに日本のものについて述べる場合には、文化財または文化財／文化遺産という表記を用いる。

・文化財／文化遺産を選ぶ際に用いる、指定・選定・選択・登録・記載などの言葉は、文化財保護法または世界遺産条約上の用語に準じている。

・文化財／文化遺産を「まもる」という意味の言葉として、保存、保護、保全を用いているが、それぞれ含意するところが違っている。保存は、そのものをそのままの形でのこすことである。保護は、そのままの形でのこすという点では保存と同じだが、それを活用することも含んだものである。保全は、ある程度の変化を許容しながら継承していくというニュアンスを持っている（西村 一九九七）。文化財／文化遺産に選ばれているものの多くに保存や保護という言葉が使われるが、伝統的建造物群保存地区や文化的景観のような生活環境を含む広域のものには保全という言葉が使用される傾向にある。

・引用文に関しては、仮名遣いはそのまま、旧字体の漢字は基本的に新字体に改めた。

・引用文中の〔　〕は引用者の注記を示す。

狭き谷の底にて、娶らぬ男と嫁がぬ女と、相呼ばひ静かに遊ぶ態は、極めてクラッシックなりと言ふべきか。首を回らせば世相は悉く世絆なり。淋しいとか退屈とか不自由とか云ふ語は、平野人の定義皆誤れり。

（柳田　一九九八［一九〇九］：五三）


この辺の景色は、もう日本的でない。少くとも私が日本でかつて見たことのない風景だ。おびただしい栗の樹、白い花をつけているものもある。これはむしろスイスか、さもなければスイスの幻想だ。背景に連亙する雪を戴いた山並みは、この錯覚をいやが上にも強める。広闊な深い谷の中に、尖った藁葺屋根が嵌めこまれている景色もまた日本的でない。

（タウト　一九三九：五三）


人類学的調査や民俗学的調査は基本的にどこでも同じですが、調査している相手の文化や歴史のみならずそこに暮らす人びとを尊敬しながら研究しているのであり、その意味ではそこに生きる人びとがたとえ景観を破壊しようが、そうするにはそうなる理由が存在していると思っています。〔中略〕とりあえずは相手方の「生きる方法」を真剣に受けとめることを基本に調査をしてきました。

（篠原　二〇〇六：五七）

序章

一　初発の問い

世界遺産の一つである「白川郷」の観光パンフレット『古心巡礼』（白川村役場商工観光課　二〇〇二）の表紙には、興味深いことが書かれている。

世界遺産　白川郷合掌集落
ここには一体なにがあるのだろう
なぜここが世界遺産として認知されたのだろう
エジプトのピラミッドや万里の長城に並ぶ
人類の遺産としてふさわしい何かを
ここで、あなた自身の眼で見いだしてほしい

霊峰・白山の山麓に抱かれ
ひっそりとたたずむ白川郷合掌集落
ここには古えより受け継がれてきた
独自の建築様式とともに
日本古来のしぐさや心の原風景が息づいている
この地を巡る旅は、失われた日本との出会いなのかも知れない

前半部分の最後で、「あなた自身の眼で見いだしてほしい」としながらも、見いだすであろう対象がすでに後半部分で提示されている。「白川郷（合掌集落）」で見いだすであろうもの――それは、「独自の建築様式」のみならず、「日本古来のしぐさ」や「心の原風景」であり、「失われた日本」なのだという。さらにそれは「日本」という枠組みをも超えた「人類の遺産」であるとも語られている。

しかし、冷静に考えてみれば、奇妙な話である。山深い里の、決して一般的とは言い難い建造物を中心とした集落と「日本古来のしぐさ」や「心の原風景」がどうして結びつくのだろうか。また、前半部分で述べられているような「エジプトのピラミッド」や「万里の長城」と「白川郷」が等価であるという認識は、一体どこからきたものなのだろうか。

「それは「白川郷」が文化財／世界遺産だから」、つまり、「日本の代表的な文化財であり、世界遺産に登録されているから」という答えは、単なる同語反復以外の何ものでもない。要するに、何も語っていないのと同じである。

「なぜここが世界遺産として認知されたのだろう」というこの問いかけに、私は私なりの答えを探したいと思う。

世界遺産「白川郷」の概要

論を進める前に、まずは「白川郷」について簡単に紹介しておきたい。

世界遺産「白川郷」は一九九五年十二月に世界遺産（文化遺産）に登録された「白川郷・五箇山の合掌造り集落（Historic Villages of Shirakawa-go and Gokayama）」の一部であり、資産（プロパティ）の所在地は岐阜県大野郡白川村荻町《おぎまち》地区である。「白川郷」の特徴は、大型の茅葺き木造民家（「合掌造り」）群と、それを中心として構成された集落景観である（写真０－１）。

白川村は、岐阜県北部の飛彈地方のなかでも西側に位置し、北は富山県、西は石川県に接している（図０－１）。また、四方を山に囲まれ、村の中央を南から北へ庄川が流れている。この庄川沿いの河岸段丘が発達しているところに、白川村の集落のほとんどが点在している（図０－２）。一八七五年に進められた大規模な町村合併により、それまで白川郷と呼ばれていた四二ヵ村のうち二三ヵ村（尾神・福島・牧・御母衣《みぼろ》・長瀬・平瀬・木谷・保木脇《ほきわき》・野谷・大牧・大窪・馬狩《まがり》・島・牛首・荻

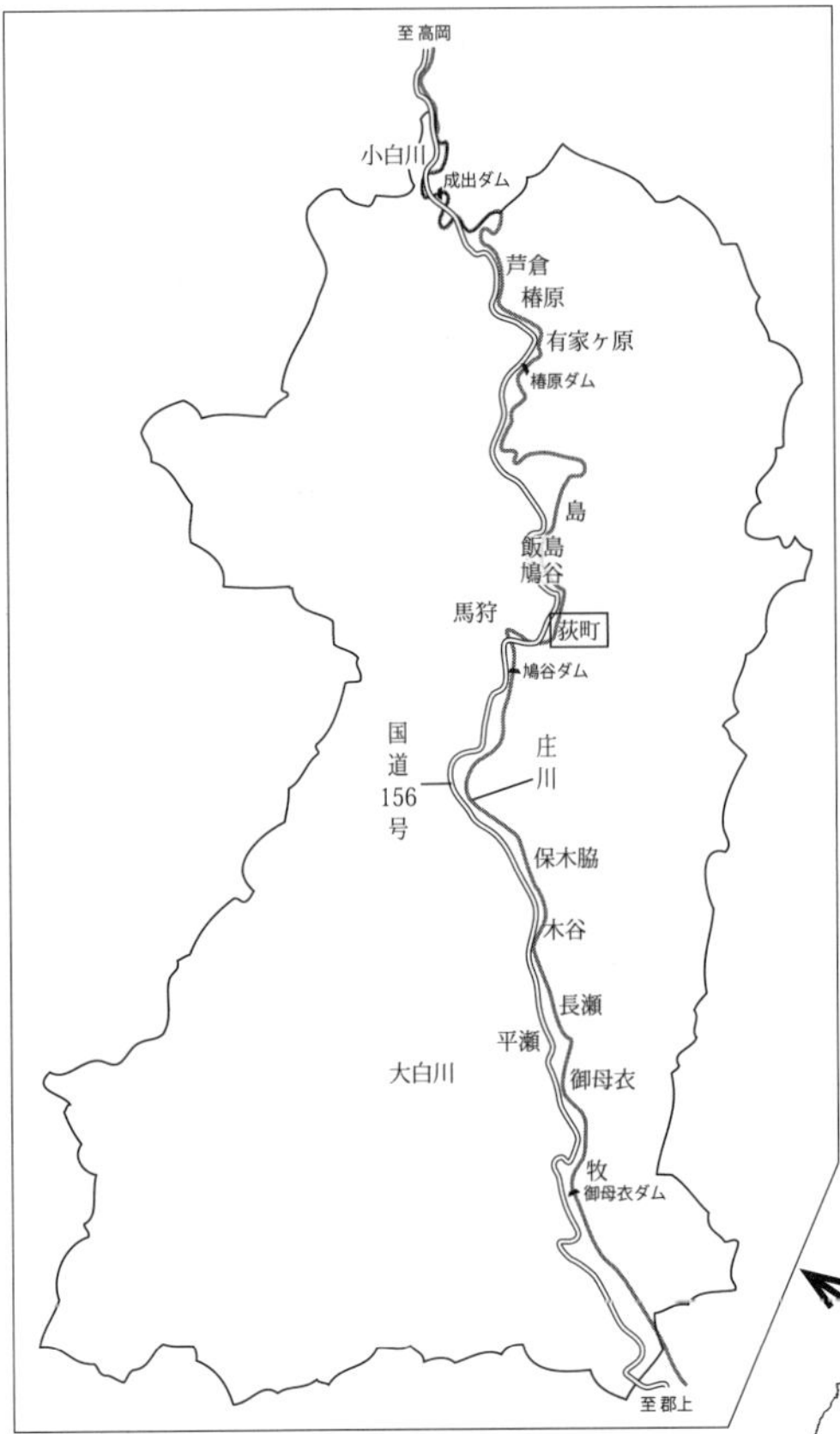

図 0-2　白川村内地図

図 0-1　岐阜県大野郡白川村の位置

写真 0-1　世界遺産「白川郷」（2007 年 9 月 18 日、著者撮影）

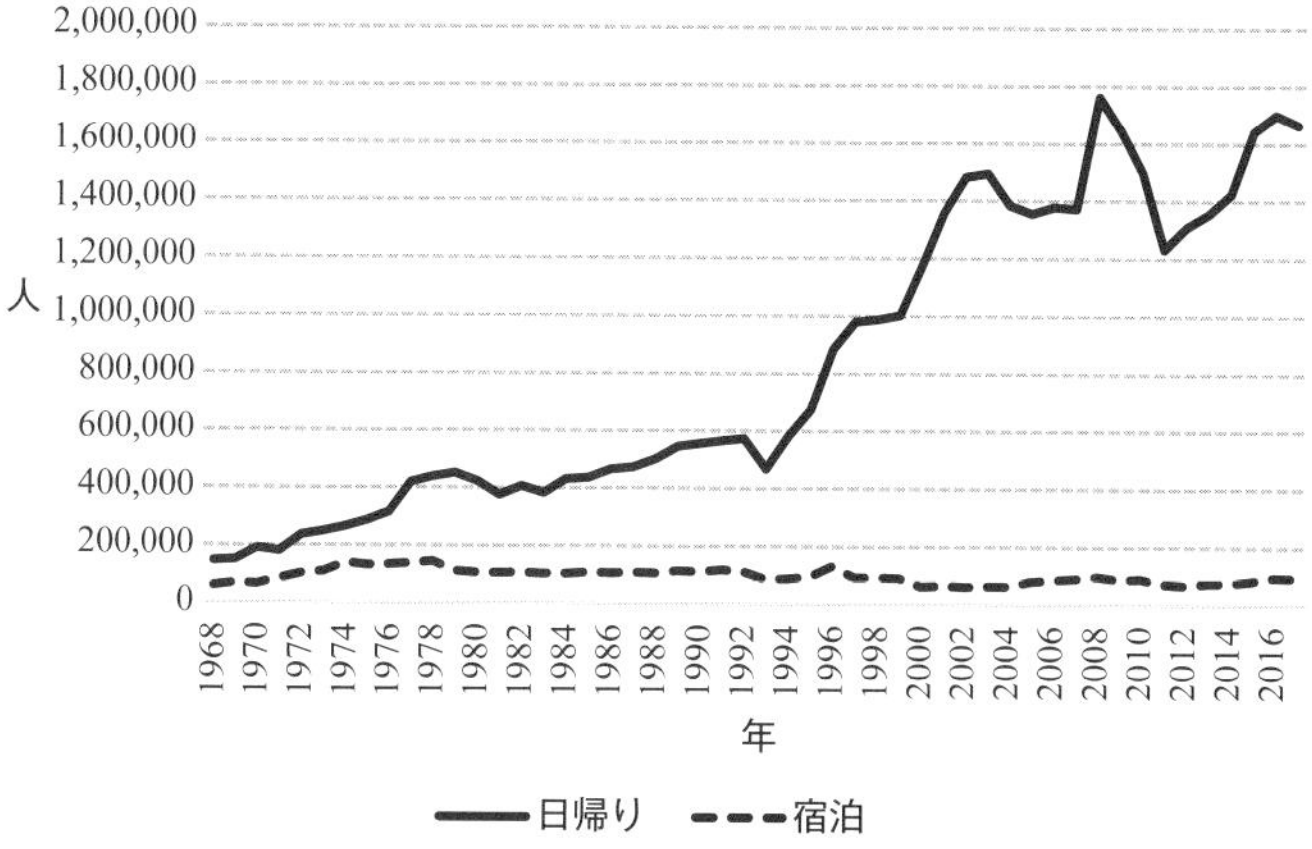

図 0-3　白川村観光入込客数

注：白川村史編さん委員会編（1998b）、世界遺産白川郷合掌造り保存財団（2001）、白川村役場（online:2580/）より著者作成。

町・鳩谷・飯島・内ヶ戸・加須良《かずら》・椿原・有家ヶ原《うけがはら》・芦倉・小白川）が合併し、現在の白川村になった。このうち内ヶ戸地区は椿原発電所の用地買収によって一九四〇年に消滅した。また、一九五四年と一九五五年には四地区（尾神・福島・野谷・大牧）と長瀬地区の一部がダム建設のためになくなった。さらに、庄川の本流とは離れた谷底の堆積地などにあった四地区（大窪・馬狩・牛首・加須良）は、規模が小さく交通の便が悪いなどの理由で一九六四年から一九七三年にかけて集落単位で移住している。その結果、現在残っているのは一四地区だけである(1)（白川村史編さん委員会編　一九九八a、一九九八b：白川村社会科研究委員会編　一九九一）。つまり、世界遺産「白川郷」の資産（プロパティ）である荻町地区は、かつての白川郷および現白川村のごく一部なのである。

二〇一五年の国勢調査によれば、白川村全体の世帯数は五五三、人口数は一六〇九（男七八九、女八二〇）であり、産業別人口数（総数九七二）の内訳は第一次産業二二（二・三％）、第二次産業二〇七（二一・三％）、第三次産業七四三（七六・四％）となっている。より細かく見ると、最も多いのが宿泊業・飲食サービス業（二〇六）で、建設業（一三九）、卸売業・小売業（一〇〇）、サービス業（八〇）と続く。荻町地区だけでいうと、人口数は五三六（住民基本台帳二〇二〇年二月一日現在）で、産業別人口数は第三次産業の割合がもっと高くなると思われる。一般に「白川郷」は農山村景観の代表として捉えられているが、実際は第三次産業で生計を立てている家がほとんどだということがわかる。もちろんかつては第一次産業が最も多かったわけだが、一九七〇年から一九七五年にかけて第三次産業がそれに取って代わった。これはちょうど荻町地区で「合掌造り」保存運動と観光地化に向けた動きが活発になる時期と重なる。

白川村役場などの観光統計によれば（図0‐3）、荻町地区が重要伝統的建造物群保存地区（以下、重伝建地区）に選定された一九七六年以降、五〇万から七〇万人前後ほどだった観光入込客数が、世界遺産登録された翌年（一九九六年）には一〇〇万人を突破した。その後も増減はあるものの一〇〇万人を下ることなく、現在にいたっている。二〇一七年の観光入込客数は約一七六万人で、そのうち外国人観光客は約六五万人だった。近年の傾向として、日本人国内旅行者の減少と外国人旅行者の増加があげられる。後者の要因としては、日本全体の外国人観光客の増加と二〇一五年の北陸新幹線開業の影響が考えられる。また二〇〇八年に東海北陸自動車道が全線開通したことによって、金沢や高山からのアクセスが格段に良くなっていたことも要因の一つだろう。私が二〇一九年五月に金沢発白川村行きの高速バスに乗車した際には、乗客のほとんどが外国人観光客だった。

また、世界遺産に登録された直後は、観光客とのトラブルが絶えず（高橋　一九九八：才津　二〇〇三ｃ）、「観光公害」という言葉は「白川郷」から広まったとまでいわれていたが、近年は目立ったトラブルはないという。交通規制やバス乗り場の移動も行なわれ、集落内の道路事情も改善されてきた。世界遺産登録から四半世紀を経て、「白川郷」はすっかり観光地然とした印象を与える場所になってきているように思う。

二　文化の近代――表象、文化財／文化遺産化、資源化

「なぜここが世界遺産として認知されたのだろう」という問いへの答えは、白川村荻町地区という一地域の郷土史（誌）的なものを掘り下げても、おそらく見つけることはできないだろう。その答えの鍵は、近代日本において地方の文化に向けられた関心のあり方が握っているからである。「白川郷」を含む白川村は、「おそらく、今日までに白川村という一地方自治体について研究者が蓄積した研究成果は、世界でも例のないほど大量なものになっている」（柿崎　二〇〇一）と評されるほど、近代以降、さまざまな学知の研究対象となってきた。しかし、その視線は何も白川村だけに向けられたものではなかった。

明治に入り、支配階層ではないいわゆる一般の人びとが、さまざまな学知の注目を集めるようになっていった。彼／彼女らが伝承してきた有形・無形のものや、時に彼／彼女ら自身の身体的特徴までもが、新たに立ち上がった「日本」および「日本人」の研究という課題の研究対象とされたのである。例えば白川村においても、人類学・社会学・民俗学・歴史学・建築学・建築史学などさまざまな研究者が、そこに暮らす人びとの生活習慣や住居などに日本の「過去」を見いだしていった。本書では、その研究対象であった民俗や民家、民俗芸能といったものの総称として「民なるもの」という言葉を使う。

そして、近代日本における「民なるもの」への関心のあり方を考察する際に、有効な分析視角となるのが、文化の表象、文化財／文化遺産化、資源化だといえる。

文化の表象

まず、「民なるもの」の発見は、近代日本における自己表象および他者表象の問題と密接に繋がっている。なぜなら、自己表象と他者表象は、それぞれが独立して存在するのではなく、表裏一体となって進んだものだったからである。(2)また、植民地などで向けられた他者に対する視線は、自己――なかでも、日本の「地方」――についても向けられた。両者は、同じ理論、方法のもとで研究されていったのである。しかし、地方の場合、発見された異質性が自己の過去と直結され、失われた／失われつつある同質性としても描かれるというねじれが生じていた。つまり、「地方には日本の過去が残っている」とし、ある種の日本史あるいは自文化（国民文化）の表象と構築に使われていったわけである。

こうした文化を表象することの政治性やそれを可能にした近代の学知そのものの問い直しは、ポスト・モダン的状況のなかで、さまざまな分野で行なわれてきた。例えば、一九九〇年代に盛んに議論された国民国家論においては、「「文化」という思想そのものが、「国民」形成という政治的な動態のなかで「活力」を得てきたものであり、その意味で「国民文化」という思考と相即不離の関係性を取り結ぶものである」（松田　二〇〇三：一）という見解が示された。文化財／文化遺産保護制度もまたそうした文化の政治性を示す最たる例だといえる（才津　一九九六、一九九七）。ただし、文化はいつも「国民文化」として語られるわけではない。さまざまなレベルの共同体が、それぞれ「われわれの文化」を語るようになるのもまた近代に普遍的な制度の一つなのである。[3] そのような知見は、主に人類学から得られたものである。一九八〇年代の人類学では、「リフレクシヴィティ」（客体としての自己の内省）と「表象の危機」という視点からの研究が相次いで行なわれるようになった。[4] そこではやはり、内省的な見地から、それまで人類学が行なってきた文化の表象という行為の政治性が指摘され、新たな形での表象の可能性が模索された。そのような議論のなかで、従来表象されてきた側に焦点をあてた研究も増えてきたのである。

文化財／文化遺産保護制度の変遷と「生きている遺産」（リビングヘリテージ）

近代日本の文化財保護制度の歴史的変遷を見ていくと、保護する対象がどんどん拡大していっているのがわかる。まず、日本最初の文化財保護法規といわれる古社寺保存法（一八九七年）では社寺の建造物や美術工芸品が保護の対象だったが、国宝保存法（一九二九年）からは公共団体や個人が所有する建造物なども範疇に含まれるようになった。また、この間に制定された史蹟名勝天然紀念物保存法（一九一九年）では、史蹟・名勝・天然紀念物として、建造物の痕跡から景観、動植物に至るまで、非常に多岐にわたるものが保護の対象となった。戦後の文化財保護法（一九五〇年）においても、年を追うごとに文化財の種類が増えており、二〇一九年現在では、戦前の国宝保存法と史跡名勝天然紀念物保存法の保護対象だった有形文化財、記念物の他に、無形文化財や有形無形の民俗文化財、伝統的建造物群、文化的景観が保護すべき文化財の種類として設定されている（表0-1）。ここまで対象が拡大すると、理念上は過去と繋がるものがすべて文化財として見なされうるわけであり、現在はまるで「総文化財化」とでもいえるような様相を呈している（才津　二〇〇六a）。

さらに文化財保護制度の変遷を追っていくと、上述したような保護対象の変化の他に、保護の方法にも変化が見られる。例えば、文化財単体を保護する方法から、文化財を取り囲む一定の空間を一まとまりのものとしてまるごと保護する方法へ――換言すれば、「点」の保存から「面」の保全へ――と移り変わっているのである（才津　二〇一〇）。

また、こうした保護対象の拡充は、国連教育科学文化機関（UNESCO：ユネスコ）においても見られる傾向である。「世界の文化遺産及び自然遺産の保護に関する条約」（通称：世界遺産条約、一九七二年採択、一九七五年発効）に自然遺産と文化遺産の中間的なものとしての「文化的景観」という概念が導入されたことや（一九九二年）、「世界遺産一覧表における不均衡の是正及び代表性、信頼性確保のためのグローバル・ストラテジー」（一九九四年）によって「世界遺産条約履行のための作業指針」の文化遺産の評価基準に「現存する」（living）、「生きた伝統」（living traditions）といった文言が追加されたこと、「無形文化遺産の保護に関する条約」が採択された（二〇〇三年採択、二〇〇六年発効）ことなどがその例としてあげられる。

表 0-1　日本の文化財一覧

文化財の種類	文化財の定義	備考
有形文化財	建造物、絵画、彫刻、工芸品、書跡、典籍、古文書その他の有形の文化的所産で我が国にとつて歴史上又は芸術上価値の高いもの（これらのものと一体をなしてその価値を形成している土地その他の物件を含む。）並びに考古資料及びその他の学術上価値の高い歴史資料	古社寺保存法（1897年）、国宝保存法（1929年）を経て文化財保護法（1950年）に引き継がれた。
無形文化財	演劇、音楽、工芸技術その他の無形の文化的所産で我が国にとつて歴史上又は芸術上価値の高いもの	文化財保護法において、1950年に創設された。
民俗文化財	衣食住、生業、信仰、年中行事等に関する風俗慣習、民俗芸能、民俗技術及びこれらに用いられる衣服、器具、家屋その他の物件で我が国民の生活の推移の理解のため欠くことのできないもの	文化財保護法制定当時、有形文化財の一部として含まれていた「民俗資料」が1954年に独立し、1975年に現在の名称となった。
記念物	貝づか、古墳、都城跡、城跡、旧宅その他の遺跡で我が国にとつて歴史上又は学術上価値の高いもの、庭園、橋梁、峡谷、海浜、山岳その他の名勝地で我が国にとつて芸術上又は観賞上価値の高いもの並びに動物（生息地、繁殖地及び渡来地を含む。）、植物（自生地を含む。）及び地質鉱物（特異な自然の現象の生じている土地を含む。）で我が国にとつて学術上価値の高いもの	史蹟名勝天然紀念物保存法（1919年）から文化財保護法に引き継がれた。
文化的景観	地域における人々の生活又は生業及び当該地域の風土により形成された景観地で我が国民の生活又は生業の理解のため欠くことのできないもの	文化財保護法において、2004年に創設された。
伝統的建造物群	周囲の環境と一体をなして歴史的風致を形成している伝統的な建造物群で価値の高いもの	文化財保護法において、1975年に創設された。

注：文化財保護法をもとに著者作成。

このような動きは、文化財／文化遺産として保護する対象を格段に広げることになり、文化の多様性を示す／残すことに貢献している。しかしながら、新しく加えられた文化財／文化遺産の多くが所有者や担い手の日々の暮らしと密接に関わる「生きている文化」であるがゆえに、その保護には困難さもともなっている。それらは現在「生きている遺産」（リビングヘリテージ）とも呼ばれている。

一方、文化財保護法の「保護」という言葉には、「保存」と「活用」の意味が含まれているとされる。この二つは文化財保護制度の原理として、最初の保護法規である古社寺保存法から現在まで続いているものである（竹内・岸田　一九五〇）。ただし、もともとの「活用」は、文化財の「公開」を指していた。ところが、やがてこの「活用」に単に「見せる」という行為以上の意味が付与されるようになってくる。文化財の観光利用がその典型的な例である。つまり、文化財は経済的な利益をもたらす「資源」とみなされるようになったのである。こうした文化の資源化は、主に文化遺産の所有者や担い手、地方公共団体によって行なわれてきた。しかし一九九〇年代以降は日本政府主導でも行なわれるようになり、日本政府が文化立国（一九九五年）、観光立国（二〇〇二年）を掲げて以来、一層強まっている。二〇一八年六月には文化財保護法が改正され（二〇一九年四月施行）、保存重視から活用重視へと大きく舵を切った。そこでは文化財は「文化資源」として明確に位置づけられている。

文化の資源化

日本のアカデミックな世界では、二〇〇〇年くらいから大学院に文化資源学研究専攻が設けられたり、文化資源学会が立ち上げられたりしてきた。ただし、「文化資源」を主題とする研究には、文化が「資源」になる／文化を「資源」にするという動的な契機における行為者の側からの具体的な働きかけとその働きかけの場を焦点化するもの（森山　二〇一四）と、有形無形の文化資料体（ある時代の社会と文化を知るための手がかりとなる貴重な資料の総体）を新たな視点から新たな媒体によって再利用する方法を探求するもの（文化資源学会　online:about.html）という二つの方向性がある。本書は前者の研究に連なるものである。

木下直之による次の例えは、文化が「資源」になる／文化を「資源」にするという行為＝文化の資源化について、正鵠を射ている。

> ゴミとゴミでないものとの境界線は、有用性の有無で決まる。その判断は、個人や社会によって異なるものの、一瞬前まではゴミでなかったものが、一瞬後にはゴミに変わるのは、それらの性能や形態が変化した以上に、所有者、管理者の価値判断が変化したからである。
>
> （木下　二〇〇二：五）

つまり、文化の資源化とは、「資源ゴミ」のケースと同様、「価値判断の変更」をともなう再利用のことだといえる。「民なるもの」の文化財／文化遺産化や資源化もまた、まさに日本の近代化のなかで「捨て去られようとしていたもの」への価値判断の変化によってもたらされたものである。そして、ここで問われるべきなのは、その「価値判断の変化」がどのようなものだったかということだろう。それこそが冒頭で述べた初発の問いへの答えになると思われる。

山下晋司は、「ある社会的な構図のなかで、いかにして文化が資源になるか、そのプロセスはどのようなものかが問われなければならない」（山下　二〇一四：一五）と述べ、文化の資源化が起こる基本的な場として、「ミクロな日常実践の場」「国家」「市場」という三つの社会的次元を取り出すことができるとしている。そしてこの三つの場は互いに影響・浸食しあう関係にあることを指摘する。さらに、こうした関係性を検討する際に考えなければならないのが、文化の資源化の主体の問題である。文化の資源化において、山下は「誰が、どのような位置から、何を、何のために、文化資源として取り出し、どのように利用しているかが問われなければならない」（山下　二〇一四：一九）とし、森山工は「①誰が、②誰の「文化」を、③誰の「文化」として（あるいは誰の「文化」へと）、④誰をめがけて「資源化」するのかという、「誰」をめぐる四重の問いの機制」が主題化されることになるとしている（森山　二〇一四：八六）。なお、このような主体の主題化とその動態的把握は、民俗学や文化人類学における文化財／文化遺産研究においても主要なテーマとされ、その研究が蓄積されつつある。(5)

以上のような分析視角――文化の表象、文化財／文化遺産化、資源化――を「白川郷」研究に援用してみると、「ミクロな日常実践の場」「近代の学知、文化財／文化遺産保護制度」「市場」の関係性を考察することになる。それはすなわち、いつ、誰によって、何が、どのように発見され、表象され、価値づけられ、維持されているのかに着目しつつ、その関係性を考察するということになるだろう。また、「近代の学知、文化財／文化遺産保護制度」と「市場」の間に「マスメディア」も入ってくると思われる。

三　「白川郷」の資源化プロセスの叙述に向けて

「白川郷」の資源化プロセスを明らかにしていくために、本書では以下のような構成で論を進める。

現在、世界遺産「白川郷」といえば、誰もが「合掌造り」民家が立ち並ぶ光景を思い浮かべるに違いない。しかし、かつて「白川郷」（白川村）といえば、「大家族制」という言葉が想起された時代があった。実はこの「大家族制」の村として発見され、注目された過去があってこそ、世界遺産「白川郷」があるといえるのである。したがって、第一章では、「白川郷」の存在を世に知らしめるきっかけとなった「大家族制」研究の系譜とそのイメージの拡散過程について明らかにする。その際、一方的に表象され、イメージを付与されてきた白川村の人びとが、やがてそのイメージを逆手に取っていく様についても考察する。

続く第二章ではまず、日本における民家研究の流れのなかで「合掌造り」がどのように見いだされ、文化財保護制度の対象となっていくのかについて明らかにする。また、それと並行して地域住民によって「合掌造り」の価値が自覚され、「白川郷荻町部落の自然環境を守る会」（以下、「守る会」）による保存運動へつながっていった経緯を見ていく。そこには「合掌造り」群を集落全体で遺すとともに観光資源として活用し、地域振興につなげていこうとするリーダーたちの姿があった。彼らの熱心な働きかけが他の住民たちを動かし、一九七六年の重伝建地区選定につながるのである。つまり、ここで考察する歴史的経緯は、「合掌造り」の文化財化と観光資源化のプロセスに他ならない。そしてこの重伝建地区選定が、一九九五年の世界遺産登録につながっていくことになる。日本が世界遺産条約の締約国になった（一九九二年）際、暫定リストに掲載される物件は、国指定（選定）文化財のなかから選ばれたからである。しかし、ここで終わりではない。むしろここからが現在の「白川郷」のはじまりだといえる。

重伝建地区に選定されて以来、「白川郷」（重伝建地区の名称は「白川村荻町」）には文化財をまもるためのさまざまな規制がかけられるようになった。もちろん、世界遺産登録後もその状態は続いている。実はこれまでの「白川郷」研究においては、具体的なレベル――すなわち担い手たちの日常的な実践レベル――での文化財／文化遺産の保存のあり方がほとんど報告されていない。しかし、文化財／文化遺産保護制度がどのような実践を伴うかということは、それを作りだし維持している言説と同じくらい、あるいはそれ以上に十分な検討がなされるべき課題だと思われる。そこで第三章では、現状変更行為許可申請の審議を行なっている「守る会」委員会の活動を中心に、重伝建地区「白川村荻町」および世界遺産「白川郷」がどのようにまもられているかを具体的に考察し、文化財／文化遺産が実は日々再創造されているという事実と、その再創造の過程を明らかにする。

第四章もまた荻町地区および「白川郷」の保全の実態を別の角度から考察するものである。「守る会」が創設当初に取り組んだ事業として、「合掌造り」の他用途での活用促進がある。ただ文化財として保存するのではなく、「合掌造り」において何らかの事業を行なうことで経済的な利益も得るという、一石二鳥を狙ったのである。とりわけ推奨されたのが、民宿としての活用だった。本章では、「合掌造り」民宿がはじまった経緯から実際の仕事内容まで詳述することで、誰のどのような行為によって「合掌造り」が維持されてきたのかを見ていく。そしてそれは、民宿の労働のほとんどがその家の女性によって担われているため、「合掌造り」の保護に果たす女性の役割についても明らかにすることになる。「白川郷」の保全といえば、「守る会」や「屋根葺き」といった男性中心の活動だけが注目されてきたため、このような視点からの研究は、今まで全く行なわれてこなかったものである。

世界遺産登録後、「白川郷」の景観に「変化」が生じていることが問題として指摘されている。この場合の変化は、観光客急増に起因した「悪化」という意味で使われることが多い。しかし、「白川郷」で起きている変化は「景観の「悪化」」だけではない。修景行為に伴う「景観の「改善」」

もまた「白川郷」で起きている変化だといえるからである。「修景」とは、重伝建地区内の建造物や建築物を周囲と調和した外観に整えることをいう（文化庁 二〇〇一）。つまり、「白川郷」では、「景観の「悪化」」と「景観の「改善」」の両方に変化が生じているといえる。しかしながら実は、個々の変化を「悪化」と見るか「改善」と見るかは、評者によって違うのである。そこで、必然的に、誰がそれを判断するのか、ということが問題になってくる。また、「景観の「悪化」」であろうと「景観の「改善」」であろうと、それらの変化が「白川郷」に暮らす人びとの生活に直結しているということも重要である。にもかかわらず、景観の変化が取り沙汰される場合、その点が軽視されがちであった。そこで第五章では、住民と「専門家」という二つの行為主体に関する考察を軸に、生活者の視点に留意しつつ、「白川郷」における景観保全のあり方の問題点を明らかにする。その際、これまでほとんど指摘されてこなかった、世界遺産登録後の「景観の「改善」」のための規制強化に着目し、検討を加える。

第二章で述べる地域住民による「合掌造り」保存運動のきっかけとなった出来事として、「合掌造り」の減少がある。その主たる要因は、①電源開発による水没や移築、②「合掌造り」の商品化による売買、③維持管理の難しさによる「非合掌造り」への改築・新築、の三つだった。他の民家と比べて「合掌造り」が特殊だと思われるのは、②のように「合掌造り」が商品として扱われたことと、①②の結果、かなりの数の「合掌造り」が白川村内外に移築されたことである。第六章では、個々の「合掌造り」が移築された経緯を具体例をあげて明らかにするとともに、それらの現状についても考察する。また、野外博物館などに移築された「合掌造り」（リビングヒストリー展示）と現地保存されている「白川郷」の「合掌造り」（リビングヘリテージ）を比較することで、文化遺産のオーセンティシティ（真正性）とは何かについて検討する。なお、『リビングヒストリー展示」とは、スウェーデンの収集移築型野外博物館・スカンセンから世界中に広まった展示方法で、移築民家でかつて営まれていた生活を生き生きと再現してみせるものである（杉本　二〇〇二）。

第一章　白川村の発見――「大家族制」論の系譜とその波紋

一　イメージの残存

世界遺産「白川郷」といえば、誰もが「合掌造り」の民家を思い浮かべるだろう。しかし、かつて「白川郷」といえば、「合掌造り」と並んで、あるいは「合掌造り」に先行して「大家族制」というイメージがつきまとっていた。実際、今なおそのイメージは何かの拍子にひょっと顔を出す。

例えば、二〇〇一年五月十九日放送のNHKスペシャル「八十年ぶりの大屋根ふき――白川郷〝結〟復活の記録」では、「二五〇年の歴史を持つ長瀬家。〔中略〕家には十三もの部屋が並びます。間取りは昭和の初めまで続いた大家族制の名残を留めています」というナレーションが入っていた。また、この番組の約二十年前に放送されたNHK特集「奥飛騨白川郷　合掌屋根を葺く」（一九八二年九月二十七日放送）における別の家の場面でも、非常によく似たナレーションが入っていたのである。いずれの放送も現在の世界遺産「白川郷」の資産（プロパティ）である荻町地区の旧家の屋根葺きを取り上げたものだったが、「大家族制」あるいは「大家族制度」（以下、「大家族制」）とは何かという解説は一切行なわれず、放送中この言葉が使われたのも一ヵ所だけだった。この言葉を聞き咎めた視聴者がどれほどいるかはわからない。この言葉を聞き取れたとしても、それが何を意味するのか理解した視聴者がどれほどいるかもわからない。しかし、それはあたかもそのような説明をするのが当然のように使われたのである。そして、不用意なこの言葉の使用から、明確に「大家族制」が見られたのは白川村の他地区であったことも、大家族を収めるための器として「合掌造り」が建てられたというのは現在の通説ではないことも、番組の制作者には全く意味をなさなかったことがわかる。そこにはただ、「白川郷」＝「大家族制」というかつての強烈なイメージの残像が見て取れた。

しかし、ただの残像と侮ることはできない。この残像は、やがて「白川郷」が世界遺産になる際にも大いにその存在感を発揮したのである。換言すれば、「大家族制」の村として発見され、注目された過去があってこそ、現在の世界遺産「白川郷」があるといえる。であるとするならば、今一度原点に立ち戻って、このイメージの生成について考察することも「白川郷」研究にとって非常に重要なことではないだろうか。そこで、本章では、「白川郷」が「大家族制」の村として発見され、そのイメージが流布していく過程を明らかにすることにしよう。

二　「大家族制」の概要

一八七五年の町村合併によって、それまで白川郷と呼ばれていた四二ヵ村のうち一八ヵ村が旧荘川村に、一ヵ村が旧清見村に、二三ヵ村が現白川村になった。この二三ヵ村を三つの地域に分けて呼ぶ際の名称がある。尾神・福島・牧・御母衣《みぼろ》・長瀬・平瀬・木谷の七ヵ村は「中切《なかぎり》」、保木脇《ほきわき》・野谷・大牧・大窪・馬狩《まがり》・島・牛首・荻町・鳩谷・飯島の十ヵ村は「大郷《だいごう》」、内ヶ戸・加須良・椿原・有家ヶ原《うけがはら》・芦倉・小白川の六ヵ村は「山家《やまが》」である。このうち本章で取り上げる「大家族制」が行なわれていたのは、中切地域のみである。研究者によっては大郷と山家の一部でも「大家族制」があったと述べている者もいるが、荻町地区に関していえば、「大家族制」はなかったというのが定説である。

中切地域の「大家族制」の特徴は、大きく三つにまとめられる。まず、一つ目の特徴としては、分家が許されず、一つの家に、多いところでは四十人とも五十人ともいわれる人びとが住んでいた点があげられる。二つ目の特徴は、家長とその直系の嗣子だけが正式な婚姻をして、二男以下と女子（家長とその直系の嗣子の妻以外の者）は内縁関係にある他家の女子および二男以下と妻問婚をし、できた子どもは基本的に女子の家で育てていた点である。さらに、それが集落ぐるみで行なわれていた点が「制度」と見なされるゆえんであり、他地域とは一線を画す特徴だといえる（柿崎二〇〇一）。そして、これらの特徴を持つがゆえに、中切地域のみならず、白川村（白川郷と表記されることもままある）全体がさまざまなレベルで好奇の目にさらされ続けたのである。

三　「大家族制」論の系譜

学究の的・白川郷

白川村は、近代以降、さまざまな学知の研究対象となってきた。とりわけ初期の研究において注目を集めたのが、「大家族制」と呼ばれる家族制度だった。どれくらい注目を集めていたのか、一九三〇年代に書かれた文章からいくつか引用してみよう。

> 飛騨大野郡白川村の名は、いはゆる「大家族制度」の残存せる特殊村落の一モデルとして明治以降学界の一問題として提出され、珍奇を好むジャーナリズムの一トピックとなつてきてゐる。（相川　一九三五：一五一）

近年、飛騨と云へば誰でも白川村と思ふくらゐ、白川村は色々な方面から有名な存在になつた。事実、年々白川方面への訪問者は非常に多数にのぼるらしい。その大部分はジヤーナリズムの宣伝に乗せられた、猟奇的趣味のツーリストが、別世界でも見るやうなつもりでやつて来るらしい〔。〕勿論中には同村研究のために来られる真面目な学者や学生諸氏がゐられる。

（江馬　一九三六：一二）

白川郷　神秘の国、学究の的たる白川郷は、郡の西部に位し南北二十四粁に亘る大村で、庄川上流の渓谷を占め集落を成している。周囲の山地により美濃越中加賀の各平野及飛驒高原とも隔絶され、真の山村美を有している。其の大家族主義は、単に家長の直系尊卑族の結合だけでなく、更に傍系親族をも併せた、広い範囲の血族共同団体である。平家の子孫と称せられる此地住民が、数十人一家屋内に同居している。

（躍進日本大博覧会協賛会　一九三六：六八―六九）

一つ目は、技術史家および社会運動家であり、白川村の「大家族制」についても著述のある相川春喜のものである。二つ目は、夫の江馬修とともに『ひだびと』を創刊し、飛驒研究を牽引した江馬三枝子の記述である。三つ目は、岐阜県の観光地を紹介した躍進日本大博覧会協賛会編『躍進大岐阜の観光と産業』の「白川郷」の項である。これらから、すでに一九三〇年代には、研究者からジャーナリスト、および一般の観光客まで、さまざまな人が「大家族制」について関心を持ち、少なからぬ数の人びとが実際に白川村を訪れていたことがわかる。では、一体なぜ、いつからこのようなことになったのだろうか。

以下ではこの点について「大家族制」に関する文献の相関図（図1－1）を提示しながら考察したい。なお、ここにはいわゆる学術雑誌以外の雑誌および新聞が多分に含まれている。それらは今でいう「研究」と呼べるものではないが、「大家族制」論の系譜をたどる上で重要なものだと考える。また、そういうものが含まれることが、白川村の「大家族制」を取り巻いていた当時の状況を的確に伝えることにもなると思う。

一九一一年までの「大家族制」論

まず、幕末から明治初頭にかけてのものについて見ておこう。「大家族制」に関する最初の記録は、白川郷一色村の三島正英が一八三一（天保二）年に書いた（とされる）『白川奇談』だといわれることもある（三島　一九二二［一八三一］）。中切地域に関しては、「嶺高く山深く土地せまければ次男三男出生しても家督をわけるといふ事なく代々同居して二番嫂三番嫂とてよめを取家内のうち幾夫婦とも知ず家内座席も臥所も異りてせはなし神代の遺風ものこるゆえにや」（三島　一九二二［一八三一］：三二）と述べている。また、高山の地役人で国学者でもあった富田礼彦が一八七三年に編纂した『斐太後風土記』には、「大家族制」の記述はないものの各村の戸数と人数が書いてあるため、中切地域の家族員数の多いことがわかる（富田　一九七三）。さらに、もともと修験者で明治以降神職となり、郷土史家でもあった結城朝充が一八七七年にまとめた『白川日記』中には、長瀬の某家に宿泊した際、三十人あまりの人がいて、仲睦まじく暮らしているという記述がある（結

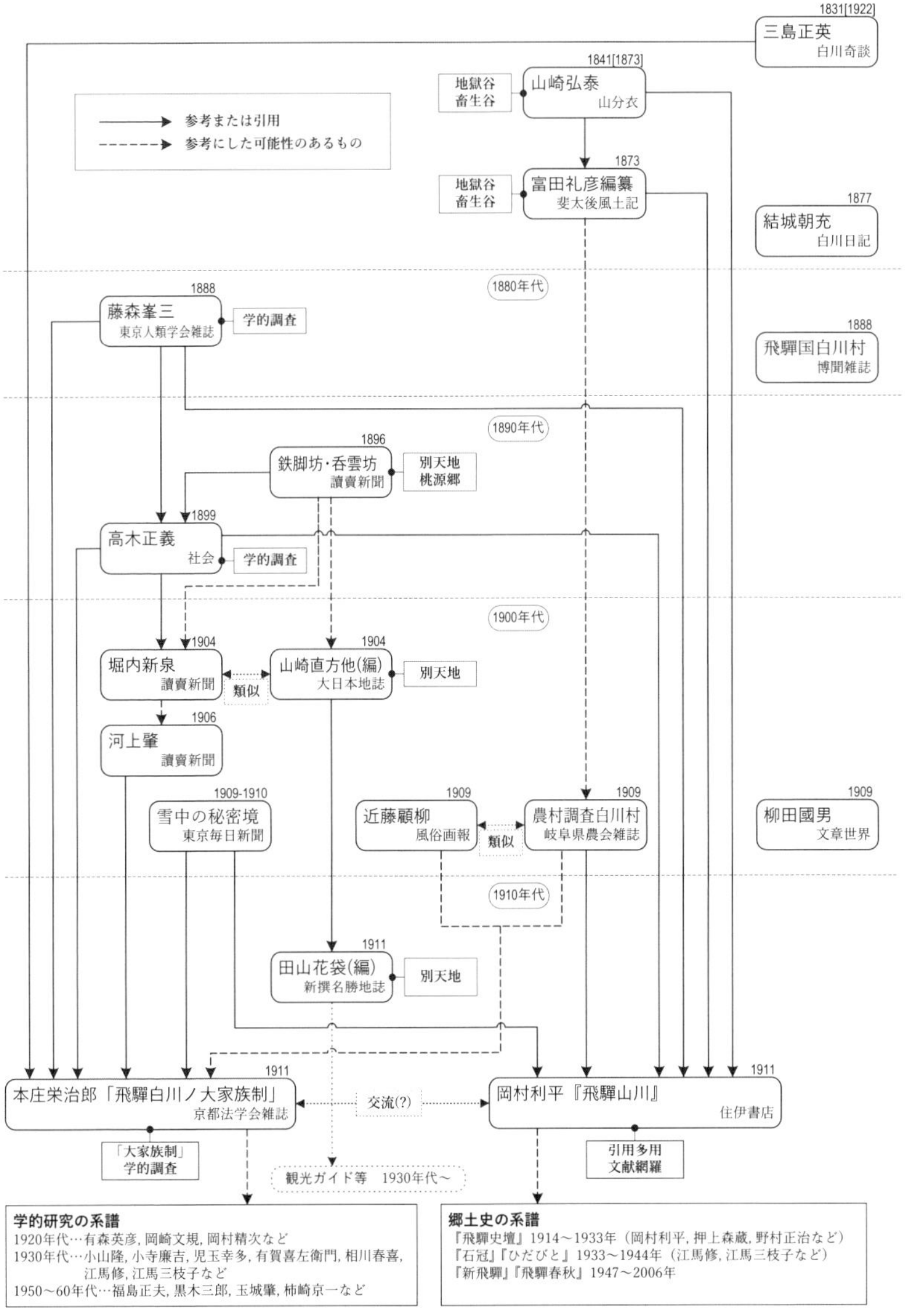

図 1-1 「大家族制」関連文献相関図（図中の文献より著者作成）

城　一八七七）。しかし、三島のものは、分家がないことは書いてあるが、次男以下も嫁を取って同居することになっており、「大家族制」の特徴とは異なる。富田と結城の記述も、「大家族制」の記述とまでは言い難い。

また、「大家族制」について書かれたものではないが、幕末の記録で言及しておくべきものとして、高山の地役人で国学者でもあった山崎弘泰が書いた「山分衣《やまわけごろも》」がある（山崎　一八七三［一八四一］）。高山役所の郡代に、公用ついでに白山の雷鳥を捕ってくるようにいわれ、平瀬村から白山に登った際の顛末が書かれたものだが、そのなかに、硫黄がそこかしこから噴出している「地獄谷」と、草花や岩の様態などに風情がある「畜生谷」という場所が出てくる。それぞれの記述はわずかなものだが、語感にインパクトがあるためか、白山や白水滝の解説のなかでよく紹介されている。また、「畜生谷」については、小説のなかで「大家族制」のイメージと結びつけられて語られたりする。(1)そしてそれには「山分衣」が『斐太後風土記』や『飛騨山川』などのような出版物に引用され、多くの人の目に触れる形で存在するようになったことが影響していると思われる。ちなみに、山崎弘泰と富田礼彦は高山役所の同僚であり、国学者・田中大秀門下である。また、結城朝充は田中大秀と富田礼彦に国学を学んでいる。

以上のように、近世の史料にも「大家族制」らしきものを描写したものがありはする。しかし、「大家族制」をつぶさに調べ、紹介したのは藤森峯三の「飛騨ノ風俗及其他」（藤森　一八八八）が最初だといえるだろう。

この論考では、まず最初に、白川村二三組のうち「洞脇《ママ》、平瀬、木谷、長瀬、牧、御母衣、福島ノ七組ヲ中切ト称シ風俗慣習家屋構造等ヨリ生計ノ模様ニ至ル迄総テ同一ナリ」（藤森　一八八八：三〇五）と述べ、以下の記述もこの中切地域のことを中心に書くことが明記される。そして「此地〔中切〕ノ住民ノ容貌」（藤森　一八八八：三〇五）について鼻の形の図解入りで言及した後、次のような記述で「大家族制」の話を切り出す。

此地習慣ノ奇ナルハ多人数合居ナリ別家ヲ為スヲ忌ミタルヲ以テ一家内中壮年ノ男女幾人アルモ相続人ノ外、嫁ヲ娶リ婿ヲ引受ケ正当ノ結婚ヲナスヲ許サズ、他ハ皆私通スルノミ併シ人倫ヲ乱ス者ハ更ニ無シト（兄妹伯母甥私通スルノ類）（藤森　一八八八：三〇六）

この後、私生児の戸籍上の扱いや養育場所・養育費、実際の家族員数の話が続く。そして話題は他の風俗慣習に移るのだが、その内容は非常に多岐にわたる。例えば、親族名称、方言、常食、生業、家内の役割分担、宗教、家畜、使用される道具、家屋、附属屋（大便所・土蔵）などである。それぞれの記述は短いものだが、端的にその当時の中切の様子を伝えている。つまり、この論考は、「大家族制」に紙幅の六分の一を割いてはいるが、全体としては中切地域のエスノグラフィーといった内容だといえる。

そして、後の「大家族制」論と比較して、特筆すべきところは以下の点だろう。

①白川村のうち、中切地域のことだと明記していること（後の論考では、白川村のどこのことかが省略されてしまうことが多々あるため）。
②近親婚が否定されていること（近親婚または血族婚が行なわれていたか否かということが後の論の論点として何度も出てくるため）。
③「大家族制」の起源が書かれていないこと（後に、「大家族制」の起源が「古代遺制」か「封建遺制」かが議論の最大の争点となるため）。
④一八八八年当時、すでに役場から私生児として届け出るのをやめ、分家を認めるよう指導されていたこと（「大家族制」崩壊の時期と要因の手がかりになるため）。
⑤巨大な大便所の形態に関する記述はあるが、一度に複数の人が使用するとは書いていないこと（この後、一度に複数の人が使用すると記述するものが出てきて、それに多くの関心が寄せられるため。もちろん、実際は一人で使用するものである）。

その他、農業関連の家庭内指揮者として後の論考で有名になる「鍬頭《くわがしら》」に相当するものに関する記述もあるが、この論考では、この言葉は使用していない。

藤森がどのようにして白川村を知り、この報告を書いたのかは不明である。しかし、決して長くはないこの論考には、後の「大家族制」論にとって重要な要素が凝縮された形で含まれていたことがわかる。

次に「大家族制」が活字になるのは、藤森の報告の三ヵ月後である。一八八八年十月出版の『博聞雑誌』に「飛驒国白川村」という記事が掲載されている。内容を見ると、白川村の地理上の位置、戸数・人口、常食、生業、家屋、便所、衣服、「大家族制」、私生児の戸籍上の扱いや養育場所などが簡単に記述されている。『博聞雑誌』とは、「内外各新聞雑誌ニ記載スル所ノ有用ナル事柄ノミヲ抜萃シ、且ツ大家博士ノ論説及ビ社員ノ見聞スル所ノ有益ノ事ヲ加ヘタル物」(武藤 一九六三：二九三)で、実業家(のちに政治家)である武藤山治が発行した雑誌である。[2] つまり、この雑誌に掲載されているのは、新聞・雑誌の抜萃か、研究者などによる論説か、社員による記事なのだが、「飛驒国白川村」に関しては、これが何れに属するものかは不明で、その著者もわからない。ただ、内容から、藤森の論考を抜萃したのでも、参照したのでもないことがわかる。また、不正確な記述が多いことから、白川村に行ったことがある者あるいは近隣に住む者からの伝聞である可能性が高い。例えば、「其大屋トカイフ者ハ家内ノ多キ実ニ驚ク程ニテ中ニハ一戸六七十人モ住居スル者アリ」とあるが、同時期に書かれた藤森の論考では、いちばん多い家でも三七名だったと記されている。また、正式の婚姻をしない人びとが私通していることに対して「実ニ淫風甚ダシキ」と評し、大便所については「数人並ビ便ズル」とある(引用はすべて「飛驒国白川村」一八八八：一二三六)。そもそも「大家族制」が白川村全体にあるものとして書いているところがこの記述の不正確さを示している。

この『博聞雑誌』の記事は、藤森のものとは対照的に、管見の限り、他のどの論考でも参考文献として名前があがることはない。ただし、時に大げさともとれる表現で人目を惹こうとするその内容は、その後のジャーナリスティックな論考のはしりと位置づけることができる。

これらの八年後、「大家族制」は『讀賣新聞』の連載記事のなかで取り上げられる。その記事とは、鉄脚坊・呑雲坊と名乗る第一高等学校の学生によって書かれた『本州横断探奇録』で、一八九六年七月三十日から十月二日までほぼ毎日『讀賣新聞』の一面に掲載された。駿府―遠州―信州―飛驒―加賀―越中と旅をするのだが、白川村には、高山―白川村―白山登山―加賀というルートで立ち寄っている。全四九回の連載中、白川村について書いているのは四回で、そのうち三回分が「大家族制」に関するものである。「飛驒の桃源白川村」というタイトルに「風俗の奇異」という小見出しがついたそれらの記事は、次のような言葉ではじまる。

此に於て両坊は別天地白川村の奇異特殊なる風俗を読者に談らざる可らざるに至れり。然れども之を談らんと欲せば、勢ひ言卑猥に亘らざるを得ず。然り、彼等の風俗は実に卑猥醜陋《しゅうろう》なり、されど其卑猥醜陋は是れ地勢の狭隘と地味の瘠薄《せきはく》とより来る必然の結果たるを思はゞ、読者は寧ろ一片の同情を彼等に寄せて可なり。乞ふ、暫時忍で此記事を読むの労を執れ。

（鉄脚坊・呑雲坊　一八九六年九月十六日付）

この部分だけ見ても、彼らの白川村への興味が「奇異特殊かつ卑猥醜陋なる風俗」＝「大家族制」にのみ向けられていたことがわかる。そして、白山登山の人夫として雇った老人に「自白せしめた」ものとして、「大家族制」の詳細について述べる。而してその内容は、二男以下と女子の婚姻については「一夫多妻主義」だと述べたり、「彼等の家族は蕃殖するに従て従兄弟より再従兄弟に移り、遂に名称を付すべからざるの親族を生じ、一家中にて私通或は結婚を行ふの異例なきにあらず」（鉄脚坊・呑雲坊　一八九六年九月十八日付）と述べて血族婚が行なわれていることをにおわせたり、私生児に過分の「憐れみ」を向けたりと、読者の興味を惹くであろう事柄を次から次へと書き立てたものだった。ちなみに、「別天地」「桃源（郷）」という言葉は、山崎直方、田山花袋の地誌にも継承され、こののち白川村（白川郷）の枕詞のように使用されることになる。また、この記事は、「大家族制」の学的研究の進展にも一役買うことになる。

「本州横断探奇録」が『讀賣新聞』に掲載された頃、社会学者の高木正義は、社会の変動が激しいなかで、日本社会の特質特長を、それが失われる前に知っておく必要があると考え、「邃《ふか》く山村に入り、遠く僻陬《へきすう》を訪ひ、親しく其民情風俗の古を知り奇を討ね、努めて草創的の社会状態を探り、社会学研究の資料を獲んと」（高木　一八九九：二）していた。そんな時に偶然人類学者の坪井正五郎から白川村の話を聞き、さらに「本州横断探奇録」の記事を友人から見せてもらったことで、高木は白川郷の家族制度について強い興味を抱き、調査に出かける決意をする。ちなみに、その際坪井が高木に語った言葉は、「白川の郷風俗頗るプリミテブにして大古の遺風髣髴《ほうふつ》として想見すべく、特に家族制度の奇なる、他に類例少し」（高木　一八九九：三）というものだった。藤森の論考を読んだであろう坪井が「プリミテブ」「大古の遺風」といったような感想を持ち、それをもとに高木に白川行きを勧めているところが興味深い。そして高木は戦々恐々としながら調査に赴くのである。

その結果発表された高木の「飛驒の白川村」（一八九九）は、「合掌造り」の写真付きで、「白河《ママ》郷の沿革」「自然の形勢」「人口」「土民の原始」「社交上の状態」「教育」「宗教」「犯罪」「結論」の順に書かれており、これまでのどの文献よりも詳細な内容となっている。このなかで、「大家族制」について言及しているのは「社交上の状態」の項である。高木の論考の特徴は、家長権が強大であると主張し、それが「大家族制」が生じた第一の原因だとしている点である。そのため、他の家族は「奴隷」のようなものとして報告されている。また、近親婚がなかった証拠として「盲唖聾」が少ないことを白川村の「盲唖聾癲狂人員表」で示した上で、「彼等の情交を深く探れば、只公然の式を挙げざる夫妻の関係なり。彼等一度契を替わせば、永世意を変へず、若し浮薄淫乱のものあれば、一郷挙りて之を指弾す」（高木　一八九九：二〇）と述べている。さらに大便所については、数人一度に用を足すことができるとし、「是れ最も蛮風の甚だしきものなり」（高木　一八九九：二三）と書いている。

高木正義の論考に触発された徳川頼倫《よりみち》が人類学者の鳥居龍蔵らを伴って「社会学上の実地調査」として白川村を訪れた様子を綴ったのが、堀内新泉の「高山流水」である。これもまた『讀賣新聞』の連載で、一九〇四年九月六日から十月二十六日までほぼ毎日朝刊一面に掲載された。やはり

「大家族制」だけでなく、家屋、服装、生業などについても報告されており、それらのほとんどすべてに「古代の遺風」が残っているとしている。「大家族制」の記述で特記すべきことは、筆者の堀内がかつて読んだある雑誌記事（文献名は明記されていない）の記述とは違い、血族婚はしていないと書いている点と、「我が国古代の奴婢制度の如きもの」（堀内　一九〇四年十月十六日付）と評し、滞在先の全家族員を書き出した際に、戸主の直系とその妻以外はすべて「奴婢」と表記している点だろう。ただし、これらの点も含めて、この記事の内容は高木正義のものと共通項が多い。もちろん、新聞連載だけに「高山流水」の方に大げさな表現が目立つが。また、用いられている数字や表現が同じか類似しているものに、山崎直方・佐藤伝蔵編『大日本地誌巻三　中部』がある（山崎・佐藤　一九〇四）。「高山流水」連載終了の二ヵ月後に出版されており、「高山流水」を参照して書いたとは考えにくいため、共通の参考文献が存在する可能性があるが、それは特定できなかった。

なお、この際、徳川頼倫は写真機を、鳥居龍蔵は蓄音機と人体測定器を携帯していた。両者とも当時最先端の道具を持ってこの調査に臨んだのである。鳥居は、蓄音機で「輪島節」「小大尽」「おけさ」などの民謡を録音するとともに、住民を集めては精力的に人類学的な人体測定（頭形を測る）を行なっている(3)。

一九〇六年一月から一九〇八年八月まで讀賣新聞に勤務していた経済学者の河上肇が書いた連載に、「各県産業視察記」がある。一九〇六年九、十月には中部地方の産業視察に赴き、その記事が一九〇六年九月二十日から十一月六日付の『讀賣新聞』に掲載されている。この時の主な目的の一つが、白川村の実地調査だったという。しかし、体調不良のため、実地調査は断念して、高山で「白川村の家族制」について聞取り調査を行ない、その内容を報告している。「大家族制」に関する記述については堀内新泉のものと大差ないが、「大古の遺風」「奴婢」「血族結婚」などには全く触れずに、現状と思われる様子を抑揚を抑えた筆致で記している。

ちなみにこの連載には「鳥居竜蔵氏の説に拠れば、地名にアイヌ語多き故、もとはアイヌの生活し居たる地なるべきか、その何時の時代に茲を去りしかは明かならずと」（河上肇　一九八二［一九〇六］：三九五）という記述がある。この内容は「高山流水」には出てこず、文献上では確認できないが、後にこれが誤って伝わって、「先年此の地に来た或る学者は御母衣の遠山家を訪れて祖先はアイヌだと云つて頗る奇抜な断定を下していったさうだ」（長沼　一九二五：五二）と憤慨する人も出てくる。

一九〇九年六月に発行された『岐阜県農会雑誌』には、付録として「農村調査　白川村（飛驒国）」が掲載されている。他文献からの引用と思われる文章もあるが、「婚儀並に出産の慣習」「葬儀並に仏事の慣習」「祭典の慣習と民謡」「白川村の方言と訛言」など、これまでの文献ではほとんど触れられていなかった記述も多く、この時期までに書かれた文献のなかでは最も充実したエスノグラフィーになっている。「大家族制」に関する記述は全体のほんの一部（全二六頁中一頁半ほど）であり、「（一家族中相通ずるものあり。又他家の二三男と。通ずるものあり。親族関係より見れば、或は破倫のものあらん。）」（岐阜県農会　一九〇九：一四）といった括弧書きの文章もあるものの、概ね憶測などを交えない、淡々とした記録になっている。なお、教育上問題があると判断された記述は伏せ字にされているため、読めない部分もある。

『風俗画報』では、同年七月から四号にわたって白川村に関する論考が掲載された。近藤顧柳の「斐太《ひだ》の白川村」および「大家族の系統実例」がそれである。「農村調査　白川村（飛騨国）」ほどではないものの、この論考でも、「大家族制」ほか多くの風俗慣習について、時に図画を用いながら詳しく紹介されている。ただし、この論考の記述は「農村調査　白川村（飛騨国）」のものとかなりの部分で重複しており、共通の文献が存在するか、同一人物によって書かれたものである可能性が高い(4)。

さらに、同年柳田國男が白川村を訪れており、その際の印象を雑誌記事に綴っている。

> 御母衣にて遠山某と云ふ旧家に憩ふ。今は郵便局長。家内の男女四十二人、有名なる話となりおれども、必ずしも特殊の家族制には非ざるべし。土地の不足なる山中の村にては、分家を制限して戸口の増加を防ぐことは折々ある例なり。（柳田　一九九八（一九〇九）：五三）

柳田は白川村に来る前にいくつか文献を読んでいたというが（柳田　一九四二）、柳田が白川村に来て抱いた印象は、どうやらそれらの文献の内容とは違っていたようである。この時期に「大家族制」を特殊なものではないと述べているのは、管見の限りでは柳田だけである(5)。

翌一九一〇年一月二日～一月十六日にかけて、『東京毎日新聞』紙上にほぼ毎日連載されたのが「雪中の秘密境」である。しかもこれは、新年号の目玉の一つとして、年末に社告で予告された上で掲載されたものだった。その予告記事は、「新年の紙上より現はるべき「雪裏の秘密境探検」は、其夏時に於てすら人跡絶えたる飛騨高山の別天地冒険旅行記にして雪に封ぜられたる、深山の奇象、一家五十人の異なる家族生活、人の肝を寒からしむべき冒険談は、本社特派の写真技師と記者とのレンズと筆とに縮撮されて紙上の一大異彩たるべし」（『東京毎日新聞』一九〇九年十二月二十四日付）というもので、わざわざ行くのが困難な時期を選んで「探検」に出かけた節がある。内容的には、「大家族制」以外のさまざまな風俗慣習に関する記述も含まれているが、「私通によってできた私生児は誰の子かわからないので母親の生家で育てる」といったような、乱婚状態を示唆する表現をしていたり、大便所で「数人一度に用を達し居る様一奇観を極む」などと書いているところは、もはやこの手の記事の「お約束」の観すらある。

そして、自ら現地調査するとともに、藤森、高木、河上、「雪中の秘密境」などを参考文献としてあげ、これまでの「大家族制」の研究をまとめたのが、一九一一年に書かれた本庄栄治郎の「飛驒白川ノ大家族制」である。全八章中一章を「衣食住及信仰」に割いているが、大部分の記述が「大家族制」に関するもので、「大家族制」の起源から将来（崩壊を見越したもの）まで検討している。

ここまで「大家族制」という言葉を用いてきたが、管見の限りでは、実はこの本庄の論考こそ、白川村の家族制度に対して「大家族制」および「大家族制度」という言葉を使った最初の文献なのである。この論考はこの後数度にわたって転載されており、それによって「大家族制」という表現が定着していったものと考えられる。また、これまで「大家族制」を扱いながらもエスノグラフィー的な文献が多かったのだが、この後は「大家族制」に特化された論考が数多く生み出され、「大家族制」研究はピークを迎えることになる。

同一九一一年には、岡村利平の『飛騨山川』も出版された。ただし、この書での「大家族制」の記述は、主に藤森、高木、「農村調査白川村（飛騨国）」を引用したものである（岡村自身の見解などは述べていない）。その他この書には「山分衣」や「雪中ノ秘密境」などさまざまな文献が引用・転載されている。よって、この書の刊行は、もとの文献を手にすることが困難な人びとにもその存在と記述の内容を広く知らしめるのに多大な貢献をしたものと思われる。

ここで、著者の岡村利平について、もう少し述べておく必要があるだろう。なぜなら、岡村は飛騨における最も重要な郷土史研究者の一人といえるからである。岡村の生まれは、岐阜県吉城郡国府村（現高山市国府町）である。医師および県会議員や国府村長を務める傍ら、郷土史料を次々と発掘し、出版して世に送り出すことに尽力した。また、岡村は押上森蔵とともに飛騨史壇会を創設して一九一四年から一九三三年まで毎月『飛騨史壇』を発行し、飛騨研究の論壇を築き上げた（飛騨人物事典編集室　二〇〇〇）。その土壌は江馬修の『石冠』や『ひだびと』、戦後の『新飛騨』『飛騨春秋』と続いて現在に至っている。

以上、一九一一年までの「大家族制」論の系譜を見てきた。偶然にも同じ一九一一年という年に、それまでの「大家族制」論をまとめるような二つの文献が出たわけだが、この後両者は深く関わりながらさらなる「大家族制」論へと道を開いた。それと同時に、「白川郷」＝「大家族制」というイメージの拡大と定着もまた一層加速度を増していくのである。

ただ、ここまでのたかだか二十年ほどの間だけ見ても、白川村がさまざまなレベルで好奇の目と、調査という名のある種の暴力に晒され続けたことがわかるだろう。遠山家などは、この後も何代にもわたって実名入りで家族構成が公表されたり、ある研究のために家族員の死因までもが分析されたりするのである。

四　「大家族制」論の波紋

白川村の「大家族制」論のこの後の展開は、青木隆浩の論考（青木　二〇一五）に詳しいので本書では省略し、ここでは「大家族制」論の波紋について紹介したい。

白川村＝「大家族制」というイメージは、前節で見た一九一一年以降も、学術雑誌、書籍はもちろん、雑誌、新聞、小説、観光ガイドブックに至るまで、ありとあらゆる活字になって流布していく。そしてそれは活字以外のメディアでも行なわれたのである。例えば、「本邦古代の奇習　飛驒白川大家族を語る」[6]というラジオ番組が一九三五年八月二十九日午後六時二五分から五五分まで、名古屋中央放送局放送室から全国中継放送された。その主な内容は、実際に中切地域に暮らす人びとが出演し、自らの経験について語るというものだった。また、一九四〇年には、日本大学の学生によって「大家族制」をモチーフにした映画『飛騨の白川村』も制作された。この映画は皇紀二六〇〇年に合わせて作られたもので、白川村の「大家族制」は明治以降進んだ個人主義の浸透によって崩壊したが、支那事変以後、新しい「一大家族国家」のために再集結するというようなストーリーになっていた。

さらに、この時期には遠山家の写真に「大家族」という言葉が付された絵葉書までも何種類か流通していたようである。例えば、私が古書店で購入した「飛騨白川　御母衣遠山大家族」と書かれた封筒に入っている絵葉書セット（資料1-1～1-3）は五枚組で、遠山家の全景・炉端・仏壇・屋根裏・茶の間の写真が使用されている。また、この絵葉書には（昭和）十年九月二十二日の日付入りスタンプが押されている（資料1-3）が、これは郵便局（逓信局）の正式な風景印ではない（友岡〔二〇一二〕、日本郵趣協会〔二〇一七〕参照）。ただ、遠山家自体に郵便局が併設されていたことから、この風景印は、遠山家が独自に作成し、押印していた可能性が高い。一九三六年に遠山家を訪れた建築史家の藤島亥治郎は、このような遠山家の様子を「此の家は「大家族の家」で通る位に余りにも有名になつたので拝見を乞うもの引きも切らず、家族は応接に慣れ切つて居られる。絵葉書もできていて販売しているし、近頃流行のスタムプもあるのには、驚きもし嘆かはしくも思ふ」と述べている（藤島　一九三六：一八）。つまり、研究者の好奇の目に晒されてきた遠山家

資料 1-3　資料 1-2 に押されていた風景印風スタンプ

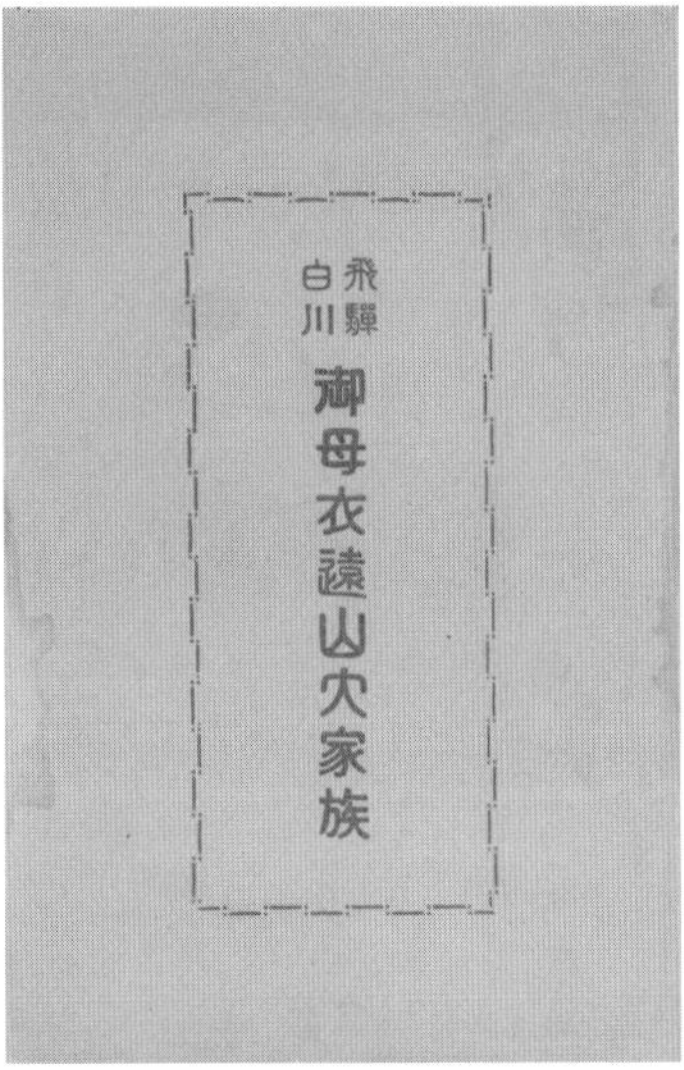

資料 1-1　「飛彈白川　御母衣遠山大家族」と題された絵葉書セットの外袋

資料 1-2　資料 1-1 内の一枚「飛彈・白川・御母衣遠山家全景」

が、いつしかそれに慣れ、逆手に取り、商売をしていたことがわかる。それを「驚きもし嘆かはしくも思ふ」とは、研究者とは勝手なものである。また、御母衣からほど近い平瀬の小阪旅館が販売していたと思われる絵葉書セット「山水明媚　白川の風情」にも「飛騨白川　御母衣遠山大家族」内の遠山家全景写真と同じものが使用された絵葉書が一枚含まれているが、これには「白川・大家族の名ある母衣《ママ》遠山家屋」というタイトルと「民謡（古大神）」の歌詞が印刷されている。遠山家の写真が含まれた絵葉書セットは他にも確認でき、数多く出回っていたことがわかる。ちなみに、遠山家の家屋は一九六七年に村営の「白川郷民俗館」（翌年「旧遠山家民俗館」に名称変更）となり、現在に至っている。

一方、大家族を収めるための器として「合掌造り」もまた注目を集めていく。やがて建築学および建築史学によるハード面での研究が進むにつれて、「大家族制」と「合掌造り」は切り離されて研究されるようになった。

しかし、「大家族制」と「合掌造り」は白川村イメージの両輪として長らく並存し続けたのである。そのことは、学術的な見解はさておき、多くのメディアが両方をセットとして取り上げてきたことからわかる。またそれは世界遺産になる際も例外ではなかった。

「白川郷」が世界遺産の暫定リストに載る際に、その候補を検討した「世界の文化遺産及び自然遺産の保護に関する条約の批准に伴い講ずべき施策の在り方に関する調査研究協力者会議」のメンバーだった考古学者の田中琢は、「白川郷」と「五箇山」を「合掌造りの家、大家族が住んで蚕を飼う生活をおくっていた集落」（田中　二〇〇〇：七）と表現している。また、現在の文化庁ホームページ上の世界遺産「白川郷・五箇山の合掌造り集落」の紹介文でも、「一棟には数十人からなる大家族が住むのが一般的でした」（文化庁　online：world/h_04.html）と記されているのである。「大家族制」が言及される場面は年を追う毎に少なくなってきているものの、そのイメージは今なお健在であると言わざるを得ないだろう。

五　「大家族制」の終焉

最後に、実体としての「大家族制」はいつなくなったのか、ということに言及しておきたい。「大家族制」崩壊については、一九二〇年代の文献ですでに「白川村に於ける大家族制度は、実に、こゝ数十年に渡つて崩壊しつゝある」（有森　一九二二：三七）、または「白川地方の大家族制に対して一般他地方の人びとの多くは今から二三十年前の事を思つて想像してをり風紀も非常に悪いように思つて居るが之れは大なる誤りであり且つ又白川地方を如何にも未開地の如く侮辱するものであり未だ当地方の真相を知らぬもの、言で、（中略）昔の制度を廃して二男三男坊でもドシく分家や聟入をさせることになつた」（長沼　一九二五：四三）と書かれていた。また、一八五三年から一九三〇年までの断片的な統計資料を用いて中切地方の各地区の人口、戸数、一戸当り平均人員の推移を考察した野村正治は、全体として大家族の人員の減少と戸数の増加がみられることを明らかにした。その上で、「今や過渡時代にある白川村大家族は茲数年の中に灰滅することと思ふ」（野村　一九三一：一〇）と述べている。崩壊の要因としては、分家の禁が解かれたこと（および婚姻制度の変化）と出稼が増えたことがあげられている。

つまり、「大家族制」研究がピークを迎える一九三〇年代にはすでに、実体としての「大家族制」は、ほぼなくなっていたのである。むしろそれゆえに――失われつつあるものであるからこそ――、その研究は一層熱を帯びたといえるかもしれない。

法学者であり、現代家族法の創設者ともいわれる中川善之助が、一九三〇年に大家族についてこう述べている。

> 大家族から小家族に移るといふのが近代的傾向だとされて居る。そんな訳で大家族といふものは次第になくなりつゝある。〔中略〕つまり今日から云へば一種の天然紀念物である。普通の天然紀念物のやうに保護増殖こそ出来ないが、今のうちによく調べておかないと、後からは見られなくなつて了ふのである。
>
> （中川　一九三〇：二六一）

また、この一年後に白川村を訪れた黒板勝美と思われる人物（「黒板博士」とある）は、「親しく此の大家族を視察せられ国家として充分研究し指定して保存する価値があると迄力説せられた」（平瀬小学校　一九三二：一一八）という。ただし、「或る学者の如きはこの部落を見て国宝的の大農家と絶叫され、或は特別保存の価値と必要があるとまで力説されました」（鬼頭　一九三五：一四）という酷似した内容が紹介されている文献もあり、この学者が国宝的なものとして保存する価値があると述べたのは果たして「大家族制」なのか「合掌造り」なのか、はたまた違う学者が両方に対して似たようなことをいったのか、正確なところは不明である。この他、民俗学者の大間知篤三も「此の地の民家の一つが、何時かは国宝的存在として保護される日が来る筈だが」（大間知　一九四三［一九三五］：一三七）と述べている。

ちなみに、史跡名勝天然紀念物保存法は一九一九年に、国宝保存法は一九二九年に制定されたものであるが、前述したような発言が続いていることから、黒板のような専門家はともかく、研究者の間や一般の人びとにも文化遺産保護の思想が浸透していたことが窺い知れる。

しかし、当たり前ながら、「大家族制」の保存は叶わず、まもなく実体としての「大家族制」はなくなってしまうのである。そして、文化財保護法（一九五〇年制定）以降「合掌造り」だけが文化財となり、ひいては世界遺産になって現在に至る。ここに、文化の一部分だけを切り取り、文化遺産として残していこうとする行為の限界と特殊性が示されているといったら、少し大げさすぎるだろうか。

第二章　「合掌造り」の資源化——民家が世界遺産になるまで

一　「合掌造り」の発見と日本の民家研究

第一章で述べたように、一八八八年に「大家族制」の最初の論考が発表されて以来、白川村は、さまざまな分野の研究者のみならず、ジャーナリストや一般の人びとにまで注目され、一九三〇年代には少なからぬ数の人びとが実際に白川村を訪れるようになっていた。

一方、「合掌造り」の研究は、「大家族制」の研究より数十年遅れてはじまった。「大家族制」の研究や白川村の風俗を紹介するような文章でも家屋に言及したものがあるが、「合掌造り」を主題とし、建築学的な手法を用いて研究したのは、竹内芳太郎が最初だといえる（竹内　一九八六［一九二三］）。なお、「合掌造り」という名称は、従来白川村では用いられていなかった。「合掌造り」の資源化において中心的な役割を果たした白川村荻町地区の板谷静夫さんによれば、屋根の部材を「合掌材」「合掌梁」と呼んでおり、「合掌造り」家屋全体のことは「カヤブキ」と呼んでいたという。「合掌造り」とは、研究が進むにつれて研究者の間で定着していった名称なのである。ただし、現在では、白川村の人びとも「合掌造り」と呼んでいる。したがって、本書でも「合掌造り」と表記している（以下は「」なしで表記）。

竹内芳太郎が一九二三年に公表した「飛騨白川村の民家」は、竹内が早稲田大学に提出した卒業論文の一部である。竹内が白川村を調査地の一つとして選んだ主な理由は次のようなものだった。①村の生活と住居との関係を人文地理学的な視野から検討するため、社会的経済的影響が少ない、都市文明から遠く隔絶した地方を選んだ。②建築史学者である関野貞が合掌造りの写真から推測して唱えた説に疑問を持った。この他、まだ実地踏査をした建築家がいなかったことや、人類学の雑誌で合掌造りの挿絵がついた「大家族制」に関する論文（〔藤森　一八八八〕か）を読んだことがあったことなども、合掌造りへの興味を喚起したという（竹内　一九七八）。竹内は、研究史上はじめて合掌造りの間取りや各部屋の名称および使用法、屋根の構造と部材の名称および材料などを調査し、平面図に起こしたりスケッチしたりした他、「大家族制」と合掌造りとの関係についても考察を行なった(1)。

竹内がこの時期に合掌造りの研究を行なった背景には、日本における民家研究の流れがある。まず、一九一七年に民家研究の嚆矢といわれる白茅会《はくぼうかい》が発足した。白茅会の発足当時のメンバーは、柳田國男、佐藤功一、石黒忠篤、細川護立、大熊喜邦、田村鎮、内田魯庵、木子幸三郎、今和次郎という錚々たる顔ぶれだった（今　一九二二）。白茅会は翌一九一八年までしか活動しなかったが、今和次郎はその後も民家研究を続け、一九二二年に『日本の民家』を出版した。この本は、民家研究における初の単著であり、また全国の民家を幅広く扱っている点でも画期的なものだった。そもそも「民家」という名称そのものが本書によって広められたものだったのである（藤森　一九八九）。竹内芳太郎は、「民家研究を学問の分野に押しあげたのは今先生だった」と評している（竹内　一九七八）。そして、今和次郎は一九一六年から早稲田大学理工学部の助教授をしており、竹内は今から民家調査の手ほどきを受けたという。竹内の卒業論文の指導教員も今だったのである。つまり、竹内による合掌造りの研究は、こうした民家研究の流れのなかで行なわれたものだったといえる。ちなみに、一九五四年に出された『日本の民家』増訂版の「採集」の章には、竹内が書いた「飛騨白川郷の民家」が加えられている。

戦前・戦中の民家研究についてもう少し言及しておきたい。今和次郎が『日本の民家』を出したのとほぼ同時期に、石原憲治もまた民家研究を「学問的にやろう」と志し、三万枚のアンケート（回収できたのは約九千枚）による全国民家調査を行なっている（日本民俗建築編集委員会　一九七八）。その後、石原は現地調査を行ない、『日本農民建築』全十六輯を出版した（石原　一九三四—一九四三）。白川村の合掌造りに関する詳細な記述は、第九輯（石川・富山・岐阜）に掲載されている。

さらに、竹内は一九三三年に大熊喜邦を会長として民家研究会を設立し、一九三六年から一九四四年まで機関誌『民家』を発行した(2)（竹内　一九八六）。建築史といえば社寺中心であったなかで、同研究会は異色の存在だったという。この『民家』にも、先述した竹内の卒業論文の一部をはじめ、合掌造りに関する論考がいくつか掲載された。

この他、同時期の刊行物において、合掌造りに言及したものがいくつも散見される。白川村の民家研究が本格化するのは戦後であるが、戦前・戦中の段階でもそれなりの広がりを見せており、「大家族制」の影響もあって合掌造りへの関心はかなり高かったといえる。そして、こうした研究の蓄積が、合掌造りをはじめとした民家の文化遺産化の下地をつくったのである。

なお、合掌造りを世に知らしめるきっかけになったのは、ブルーノ・タウトが『日本美の再発見』（タウト　一九三九）で取り上げたことだといわれている（白川村役場　online:146/）が、日本の民家を見学したいというタウトの要望に応えて白川村行きのスケジュールを組んだのは竹内だった（竹内　一九七八）。ちなみに、タウトが白川村を訪れた頃（一九三五年）には、すでに合掌造りは一定の評価を得ていたようで、第一章で紹介した大間知篤三の言葉――「此の地の民家の一つが、何時かは国宝的存在として保護される日が来る筈だが」（大間知　一九四三［一九三五］：一三七）――は、同年に書かれたものである。

二　合掌造りに関する価値づけの変化

合掌造りは、一九五〇年代からさまざまな価値を付与されていく。本節では、そうした合掌造りに関する価値づけの変化について見ていきたい。

民家の文化遺産化と合掌造り

民家を文化遺産として保護する制度は、日本では一九二九年の国宝保存法から始まっている。ただし、国宝として指定された建造物約千件のうち民家は二件のみで、そのうち「純粋の民家」は一件だけだったという（杉本　一九九八）。しかし、戦後間もない一九五〇年に制定された文化財保護法以来、民家の保護をめぐる状況は一変する。民家に適用される文化遺産保護制度が次第に拡大していくのである。

『文化財保護法五十年史』（文化庁　二〇〇一）によると、一九五一年度には、各都道府県を通じて民家の全国調査が行なわれた。この調査に基づいて、重要な民家が多数集中するとされた地区に対しては、一九五四年から文化財保護委員会が直接予備調査を行なった。また、一九六二年度から調査費が予算化され、岩手・山梨・新潟・広島の四県に対して、一九六五年まで民家特別調査が継続された。さらに、一九六六年度から一九七八年度まで行なわれた全国的な民家緊急調査によって、民家の重要文化財指定が急速に進んだ。ただし、国宝となったものはない。この他に民家を文化財として選ぶ枠組みとしては、民俗文化財（一九七五年までは民俗資料）や史跡がある。ただし、有形文化財（建造物）に比べると数は少ない。

また、民家の重要文化財指定が進むに従って、門や土蔵その他の付属屋および周囲の塀なども附《つけたり》として主屋と一緒に保護されるようになった。この方法は他の有形文化財（建造物）にも適用され、一九七五年改正で明文化された（「一体をなしてその価値を形成している土地その他の物件」として保護の対象となった）。そして、民家保存の面的な広がりは、これに止まらなかった。一九七五年改正時に伝統的建造物群の保護制度が創出され、単体としての民家だけでなく、一定の範囲内の民家とその周囲の景観＝集落や町並みがまとめて保護されるようになったのである。

ただし、伝統的建造物群の保護制度ができる前から、史跡に指定されて面的に保護されていた集落もあった。例えば、「白川郷」とともに世界遺産に登録されている富山県の「五箇山」こと富山県東礪波郡平村（現南砺市）相倉と上平村（現南砺市）菅沼は、一九七〇年に史跡に指定されていた。

文化財保護法第二条によれば、伝統的建造物群は「周囲の環境と一体をなして歴史的風致を形成している伝統的な建造物群で価値の高いもの」と定義される。この文化財の大きな特徴は、現在も人が生活していることである。また、市町村が「主体」となって運営されることも、他の文化財と異なる。国が重伝建地区を選定するためには、市町村が自ら保存条例を制定し、地区画定や保存計画策定を担うとともに、地区内の建築物や工作物などの現状を変更する際に許可を与えたり、修理のための財政援助をしたりしなければならない(3)。実際にはどこまで市町村の主体性が発揮されているのか判断し難いが、このような方法が柔軟な制度運営につながっていることは確かだと思われる。このことに関しては、第三章で詳述する。

ここまで民家を文化財として保護する制度について概観してきた。では、合掌造りはどのような経緯でこの保護制度の対象となっていったのだろうか。先述した一九五一年度の全国調査とその後の予備調査によって、白川村でも民家調査が行なわれた。一九五一年度の調査は、文化財保護委員会の関野克建造物課長を団長とする調査団によって、十一月四日から十日間にわたって行なわれ、代表的な合掌造り六棟の平面図の作成や写真撮影などが行なわれた。このことを伝える新聞記事には、次のように書かれていた。

〝合掌造り〟など「民家」も重要文化財に

古文化財のうち国家の保護の手がさしのべられていたのは従来は神社、仏閣だけだったが、文部省文化財保護委員会では今度、民族文化の遺産である〝民家〟についても国家で永久保存の途を講ずることになった。このため全国の教育委員会を通じて古代民家の実態調査を行なうとともに、このほど大家族制度で有名な岐阜県白川村の〝合掌造り〟や、京都の町屋、公卿屋敷などの現地調査に乗り出した。（朝日新聞社　一九五一）

その後の予備調査も含めると、調査範囲は白川村全域に及び、最終的には一七棟の民家の調査が行なわれた（関野・伊藤　一九五七）。その結果、一九五六年に大戸家住宅が重要文化財に指定された。この後も指定は続き、一九五九年には日本民家集落博物館に移築された（移築は一九五六年）

旧大井家住宅が重要有形民俗資料（民俗文化財）に、一九七一年には旧遠山家住宅が重要文化財に指定された。一九五六年の大戸家住宅の重要文化財指定は、民家の指定としてはかなり早いほうだといえるが、これには事情があった。

昭和二十五年文化財保護委員会が発足し、あらたな見地から重要文化財の指定が行なわれるようになるとともに、近世庶民の作り出した文化財としての民家の保護は、全国的な問題として大きく取り上げられるようになつた。これは戦後の社会変化にもとずく生活様式の近代化にともなつて、近世以来の伝統的住生活を包んでいた民家にも、急速に改築、改造が加えられるようになり、わけても白川郷においては、庄川に建設される幾多のダムの工事に伴つて、この傾向は特にいちじるしく、あるいは湛水地となつて取毀されるものさえ生ずるに至つたのである。（関野・伊藤 一九五七：一一六）

つまり、民家、とりわけ合掌造りの文化遺産としての保護が進んだ背景には、合掌造りの著しい減少があったのである。

合掌造りの減少と移築

図2－1は合掌造り主屋（住居）の棟数の変化をグラフにしたものである。一九五〇年代から六

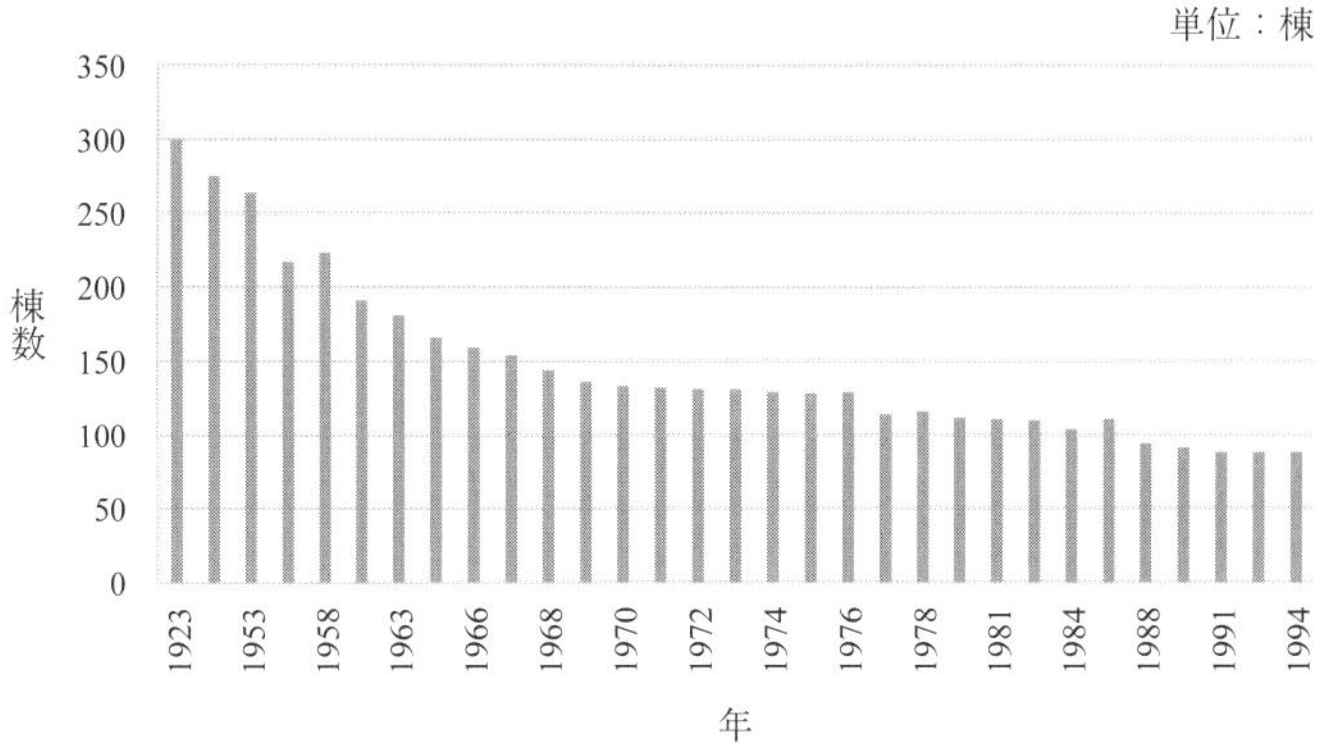

図 2-1　白川村合掌造り住居年次別個数
注 1：非住居の合掌造り家屋は除いている。
注 2：白川村史編さん委員会編（1998b：810）、白川郷荻町集落の自然環境を守る会（1991：14―15）をもとに著者作成。

〇年代にかけて激減したことがわかるが、その第一の要因は、白川村の中央を南北に貫く庄川沿いにダムと発電所が次々に造られたことにあった。

庄川は、岐阜県高山市の烏帽子岳を源として、岐阜県・富山県内の複数の河川を合わせながら北上し、日本海に注ぐ一級河川である（国土交通省河川局二〇〇七）。規模は大きくないものの、自然条件が発電に適していることから、大正時代から発電所の建設が行なわれてきた（白川村史編さん委員会　一九八b）。庄川上流に位置する白川村内に平瀬発電所（一九二六年竣工）が設けられたのを皮切りに、一九四二年までに庄川下流の富山県内に四つのダムおよび発電所が造られた。戦後になってからも、一九五一年設立の関西電力によって庄川流域の電源開発は続けられた。その結果、白川村内では、成出ダム・成出発電所（一九五一年竣工）、椿原ダム・椿原発電所（一九五三年竣工）、鳩谷ダム（別名・大牧ダム）・鳩谷発電所（一九五六年竣工）、御母衣ダム・御母衣発電所（一九六〇年竣工）、大白川ダムおよび白水ダム・御母衣第二発電所（一九六三年竣工）と、たて続けにダムおよび発電所が建設された。このうち、多くの住民の立ち退きが行なわれたのは、鳩谷ダム・鳩谷発電所、御母衣ダム・御母衣発電所の建設だった。

水没する地区にあった合掌造りのなかで規模の大きいものは取り壊しを惜しまれ、一部は移築された。例えば、鳩谷ダム建設の際には関西電力が七三棟の民家を買収し、そのうちの二棟が名古屋市と大阪府に寄贈され、博物館（相当施設）の野外展示物となった。また、東京に移築されて料亭になったものや、奈良に移築されて博覧会（朝日新聞社主催「楽しい〝生活と住宅〟博覧会」）で展示された後、遊園地内の展示物になったものもある（図2-2）。

このように、一九五〇年代半ば以降、ダム・発電所建設による合掌造りの水没や解体、移築が進んでいたわけだが、実はそれらとは直接関係ない地区でも、合掌造りの売却や村外移築が行なわれていた。荻町地区在住のある人によれば「昭和三十年代に、珍しい家だから売ってくれといってくる人が結構いた。茅葺きの家は維持が大変だし、千円札で三百万円ほどの現金を目の前に積まれると、みんな売ってしまった」のだという。[4]自宅の合掌造りは売って、電源開発に伴って解体される平屋を譲り受けて、自宅として移築した人びともいた。つまり、合掌造り所有者にも、売りたい人が少なくなかったのである。それは文化財に指定された合掌造りであっても同じだった。一九五六年に合掌造りではじめて重要文化財指定を受けた大戸家住宅は、維持管理の難しさを文化財保護委員会に訴えた（朝日新聞社　一九六一）。しかし、文化財保護委員会から明確な回答を得られぬまま、同住宅は一九六三年に岐阜県旧下呂町の下呂温泉合掌村に売却・移築されたのである。

以上から、合掌造りは、文化財としての保護が進む一方で、文化財としての価値とは別に、単な

図2-2「楽しい"生活と住宅"博覧会」リーフレット

る住まい以上の商品価値を持つものと見なされていたことがわかる。

ちなみに、売却はしないまでも、ダム関連の補償金などが入ったところでは、合掌造りの改築が進んだ。維持管理の困難さから、トタン屋根や瓦葺きにしたがる人が多かったのである。また、生業、生活様式、家族構成などの変化を理由に、合掌造りを取り壊し、新しく建て替える家も少なくなかった。そんななかで、荻町地区にはダム関連の補償金が入らなかったことから、他の地区に比べて非合掌造りへの改築や建て替えがあまり進まなかったという。

自覚された合掌造りの価値

ここまでは主に、白川村外部による合掌造りの価値づけについて見てきた。これに対して、白川村のなかでも、合掌造りを資源として意識しはじめる人が出てくる。例えば、荻町地区にある明善寺の先代の住職である大泉通地さんは、一九六七年の村長・議会議員選挙終了後、新たな村政への期待として、白川村の広報誌に次のような文章を寄せている。


白川郷の合掌家屋はダム水没地区からも又関係のない地区からもぞくぞく観光地や温泉地等へ移築され年々消えていく現況です。

宣伝も行きとどき又世界の宝のように賞讃されていながらも現住民はこの合掌家屋はなかなか守り難いという理由で改築したり、都会へ移築されています。

〔中略〕

天下の秘境といわれる白川郷はこの合掌家屋を除いては他にないと思います。春夏秋冬の四季を通じて他に見られない心の故郷として山紫水明と純朴な人の和の中に日本最古の天地根元造りの合掌家屋、そして山と人情・合掌と生活が結びついた幽遠な風格を永遠に持続し、観光客の心の故郷として真の受け入れ体制が大事だと思います。

故に年々この合掌家屋が消え行くことは観光白川の終止符だといっても過言ではありません。

願わくば村も人もこの世界の宝としての合掌家屋を永久に失わぬように守りぬくという保護と協力を念じて止みません。（大泉　一九六七：四―五）

大泉さんは、一九五〇年代後半、高山への観光客が年々増加していることを知り、それがやがて白川村に及んだときの対応策を考えていた人たちの一人で、その時から合掌造りを活かそうとしていたようである（木村　一九九七）。実際、大泉さんは一九六五年から自宅の庫裡である合掌造りに民具などを展示し、観光客に公開している。ちなみに、この時大泉さんと一緒に対応策を練っていた木村忠平さんは、一九六七年から自宅の合掌造りで民宿をはじめている（第四章参照）。

一九六七年に再選した野谷平盛村長（荻町地区出身）は、こうした動きと連動して、観光振興を行政施策の柱の一つとし、年を追うごとに力を入れていった。観光は、電源開発後の新たな重要施策という位置づけでもあった（白川郷観光協会　一九九九）。さらに、荻町地区全体の合掌造り保存運動がはじまったのも、ほぼ同時期である。この保存運動に携わった人びともまた、合掌造りを観光資源として活用しつつ残していこうとしていた。

三　住民による保存運動

再び図2－1を見ていただきたい。電源開発による水没や移築、村外売却、改築や建て替えのため、合掌造りの数は、一九五一年からの約二十年間で半数以下になってしまった。白川村内でもこうした状況に危機感を抱く人びとが現われ、そのなかの一部の人びと（荻町地区在住）によって合掌造り保存に向けた動きがはじまったのである。

「白川郷荻町部落の自然環境を守る会」の発足

荻町地区における合掌造りの保存は「白川郷荻町部落の自然環境を守る会」（現在の名称は「白川郷荻町集落の自然環境を守る会」。以下、「守る会」）の存在を抜きにしては語れない。したがって、まずはその「守る会」発足の流れを見ておきたい。

合掌造り保存運動において中心的な役割を果たした人物として、荻町地区出身の板谷静夫さんと山本幸吉さんがあげられる。二人は一九四六年に復員グループ、一九四八年には荻町青年団を結成し、戦後の新しい生活の建設を模索していた。そのなかでまず取り組んだのが郷土芸能の復活だった。この活動は荻町地区に暮らす青年たちの自信と活力を取り戻すきっかけとなり、同時に彼らの結束を強めた（柿崎、二〇一一）。

　板谷さんと山本さんは一九五九年から揃って村会議員になっているが、二人が合掌造り保存運動に取り組むようになったのは、野谷平盛村長（在任期間一九六三―一九七一年）の存在が大きかったようである。例えば、山本さんが提案して一九六三年に「茅一〆講」[5]を結成し、さらに「白川郷合掌家屋保存組合」に改組したのは、合掌造りの減少を食い止めようとして、野谷村長が山本さんと板谷さんに屋根葺き用の茅《かや》の確保を相談したことがきっかけだった。同組合の創設の目的は、茅の確保をはじめとした合掌造りの維持管理面をサポートすることだった。白川村全体の合掌造り保有者を対象としたものだったが、賛同者の大半は荻町地区の住民だったという。

　また、一九六〇年代後半に山本さんのいとこで作家の江夏三好が長野県吾妻村妻籠について話し、同村役場の小林俊彦さんを紹介したことも大きな契機となった。妻籠は町並み保存運動の先駆的地域の一つで、小林さんはその立役者だった。妻籠から学ぶことで、板谷さんたちは「合掌造りを保存しつつ、それを観光資源として食べていく」ということを明確な目標として定めていったのである。さらに、観光資源保護財団（現日本ナショナルトラスト）が一九七〇年から三年間、年六十万円の助成金を白川村の合掌造りの保存に提供したことや、国鉄キャンペーン・ディスカバージャパン（一九七〇年）によって観光客が来はじめていたことも、板谷さんたちの追い風になった。

　しかし、合掌造りの保存による観光振興という板谷さんたちのアイディアは、当初、多くの荻町地区住民には受け入れてもらえなかった。なかには彼らのことを「キチガイ」呼ばわりしていた人もいたほどである。それでも、板谷さんや山本さんに、板谷さんの弟である峰止さんなども加わって、熱心に一人一人説いてまわったという。

そうして、一九七一年十二月二十五日に荻町地区の「大寄合」（年に一度行なわれる住民総会）で賛同を得て、「守る会」が発足した。この時、合掌造りを「売らない」「貸さない」「こわさない」の三原則を含む「白川郷荻町部落の自然環境を守る住民憲章」と「白川郷荻町部落の自然環境を守る会会則」の原案も、同時に承認された。両者は、妻籠に倣って作られたものである。会則では、「守る会」会員は「荻町部落の住民並びに本会の主旨に賛同する者」と定められており、荻町地区の全世帯が会員である。

この初期の「守る会」が取り組んだ事業のなかで主なものをあげると、①合掌造りの観光利用（特に民宿としての利用を推進。第四章で詳述する）、②カラートタン屋根の塗り替え、③合掌造りの文化財化、の三つだった。そのうち、本章では③について述べていく。彼らが文化財化を目指したのは、文化財になれば補助金も出るし、必然的に残っていくだろうと考えたからである。また、少し先取りしていうと、文化財になることによって、②の塗り替えや葺き替えも促進されることになる。

荻町地区の集落保存

「守る会」が目指した合掌造りの文化財化とは、一棟一棟の文化財指定ではなく、荻町地区全体で文化財になることだった。具体的には、富山県の相倉や菅沼と同様、国の史跡に指定されることを望んでいた。しかし、岐阜県庁で史跡指定への協力が得られなかった板谷さんたちは、文化庁に赴き、そこで当時できつつあった新しい制度――すなわち、一九七五年の文化財保護法の改正に伴って創設されることになる伝統的建造物群保存地区制度――に関する情報を得た。

一九七四年四月になり、白川村は、伝統的建造物群保存対策の一環として、文化庁から荻町地区の調査を依頼された（白川村史編さん委員会 一九九八b）。同年六月から翌一九七五年二月にかけての調査は、中部大学教授だった竹内芳太郎らによって行なわれた（白川村教育委員会 一九七五）。さらに、重伝建地区の選定を受けるためには、荻町地区住民の合意を得ることが必要だった。「守る会」創設時に住民の合意は取れていたように見えるが、国選定の文化財ともなるとかなり規制が強くなるだけに、改めて合意を取り直す必要があったのである。そのための住民との懇談会は、板谷さんたちが中心となって、荻町地区に七つある近隣組織（組）ごとに行なわれた（板谷静夫所蔵資料 一九七六）。懇談会の場では、保存方法に関する意見や質問、規制に対する不安などが多く聞かれたようであるが、文化財になることに期待する声もまた七つの組に共通していたという。それは「文化財に選定されることによって、今後観光客数が増加し、地域経済が向上する」というものだった。そしてその期待をもって、住民たちは文化財になることに合意したのである。

伝統的建造物群保存地区制度ができたのは一九七五年七月だったが、最初の選定が行なわれたのは翌一九七六年だった。荻町地区は、その一九七六年に重伝建地区に選定された。そしてこのことが、一九九五年の世界遺産登録に繋がっていく。世界遺産（文化遺産）に推薦される物件は、日本が世界遺産条約の締約国になった（一九九二年）当初、国指定（選定）文化財のなかから選ばれたからである。

四　世界遺産登録裏話

ユネスコの世界遺産条約は、一九七二年にユネスコ第十七回総会において採択された。その際、日本も採択を支持しているが、締約国となったのは約二十年後の一九九二年六月のことだった。二十年もかかった理由は、文化財保護法を持ち、財政的にも逼迫しているわけではない日本は、締結する必要性を感じていなかったからだという（田中　二〇〇〇：六）。しかし、国際協力の見地から（文化庁　二〇〇一：三八九）、また自然遺産の方から声があがったため（田中　二〇〇〇：六）、締結することになった。

文化庁は、世界遺産条約の批准にともない、一九九二年三月に文化庁長官裁定による「世界の文化遺産及び自然遺産の保護に関する条約の批准に伴い講ずべき施策のあり方に関する調査研究協力者会議」を設置し、調査研究を開始した。メンバーは、世界遺産（文化遺産）の対象である建造物や史跡名勝天然記念物の専門家をはじめとする学識経験者などで構成されていた。主な調査研究事項は、世界遺産の候補物件の選定だった。ここで選定された候補物件が文化庁長官に報告され、文化財保護審議会の了承を経て、世界遺産条約関係省庁連絡会議で関係省庁と調整を図った後、暫定リストとして世界遺産委員会に提出されたのである。この時に暫定リストに載ったのは、「法隆寺地域の仏教建造物」「古都奈良の寺院・神社ほか」「古都京都の寺院・城ほか」「古都鎌倉の寺院・神社ほか」「厳島神社」「琉球王国の城・遺産群」「姫路城」「彦根城」「日光の社寺」「白川郷の集落」の十件だった。このなかからさらに文化審議会および世界遺産条約関係省庁連絡会議が推薦したものが、国際記念物遺跡会議（ＩＣＯＭＯＳ：イコモス）による事前審査と世界遺産委員会での審議を経て世界遺産（文化遺産）として登録される。世界遺産条約における文化遺産の定義によれば、文化遺産とは、記念工作物・建造物群・遺跡の三つを指す。したがって、日本の文化財保護法において国指定／選定の文化財からこの定義に合う文化財が暫定リスト候補として選ばれたわけだが、寺社や城が並ぶなかで、「白川郷」だけ少し毛色が違うことがわかる。このことに関して興味深い話がある。

「世界の文化遺産及び自然遺産の保護に関する条約の批准に伴い講ずべき施策のあり方に関する調査研究協力者会議」に史跡名勝天然記念物の専門家として参加していた田中琢に直接聞いたところによると、世界遺産として「白川郷」を推したのは、田中本人だという。田中はその理由を「大家族でやね、養蚕やっとってやね、山村でやね、日本のある時期の一つのあり方でしょ。その近世以前の一つのあり方なわけでしょ。それを如実に示している集落、そういうことですよ。建物の構造的にも面白いし」と述べた。それに、ユネスコがどう受け取るかということも考えたという。「世界的に日本といえば、パナソニックであり、ソニーであり、ホンダである現在、その国にああいうものが生き残っている。近代化した日本にああいった伝統的なものがあること、これは世界的にも意味を持つ、と評価していいだろう、と思った」（田中　二〇〇〇：七）らしい。田中は世界遺産の内容をよく知っていたため、「白川郷」のようなものが世界遺産になり得ることもわかっていたのである。ただ、会議のメンバーのなかには、「白川郷」を推すことに難色を示す人もいたという。田中は、著書のなかでその様子を次のように述べている。

文化遺産について国内で議論したなかで面白かったのは、白川五箇山の伝統的集落です。合掌造りの家、大家族が住んで蚕を飼う生活をおくっていた集落。これを世界遺産に、と考えたのですが、先生がたのなかには、あれが世界遺産か、という意見がございました。法隆寺や姫路城は誰も反対しない。当然だ、という。しかし、白川五箇山のようなものは、という。

（田中　二〇〇〇：七）

実はこれと類似するやり取りが、文化財保護法において民俗文化財（当時は民俗資料）が創出される際にも行なわれたことがある。少し長くなるが、そのことについて紹介したい。日本の文化財保護法規において民俗資料が保護の対象となるのは、一九五〇年に制定された文化財保護法からである。この時の文化財の種類は有形文化財、史跡名勝天然記念物、無形文化財の三つだった。民俗資料は有形のものと無形のものがあるが、この段階では有形の民俗資料は有形文化財に、無形の民俗資料と呼べる祭りなどは無形文化財に分類されていた（以後は有形のものについてだけ説明する）。しかし、民俗資料という言葉は確かに有形文化財の一項目として存在したものの、言葉があるだけで、実はその指示内容は空文同然の状態だったのである。民俗学者の田原久（田原　一九八〇、一九八五）によれば、その状態は二年あまりも続いたという。その後、まず一九五二年八月に田原久が準備要員として配置され、同年十月には祝宮静が文部技官に、宮本馨太郎が調査員にそれぞれ任命された。さらに、翌年一月には、長谷部言人、渋沢敬三、柳田國男、折口信夫、金田一京助、今和次郎、岡正雄が民俗資料部会の専門委員に選ばれ、ここからやっと民俗資料という言葉の内容についての検討が始められたのである。しかしながら、実際に重要なものを選び、保護し始めるには、一九五四年度に行なわれた文化財保護法の改正を待たなければならなかった。その理由は二つあった。一つ目の理由は、民俗学者たち自身が民俗資料独自の保護体系確立のため、法改正を希望したからである。二つ目の理由は、美術的価値からいえば「二流・三流以下のがらくたでしかないもの」（田原　一九八五：二八二）を同じ重要文化財として指定することに異議が唱えられ、やはり法改正が望まれたからである。したがって、民俗資料は当初有形文化財の一部として位置づけられていたものの、結局一つも重要文化財に指定されることはなかった（6）。

つまり、「白川郷」（合掌造りという民家の集まり）は一九九二年当時、一九五〇年代の民俗資料に近い扱い――いわば「がらくた」扱い――を受けていたということだろう。しかし、ふたを開けてみれば、田中のねらい通り、「白川郷」はイコモスから高評価を得たのである。ただし、「五箇山」と「白川郷」を合わせて三つの集落を登録することには反対された。世界遺産は、同じものは登録しないという立場をとっているため、一つにするようにいわれたという。それでも何とか説得して、三つ合わせて登録することができた。なお、暫定リストの段階では「白川郷の集落」という名称だったが、田中によれば、そのなかには最初から「五箇山」も含まれていたという。白川村で「最初は「白川郷」だけが候補にあがっていたが、後から「五箇山」が政治家のコネを使うなどして入ってきた」という噂を聞くことがあるが、どうやらそれは誤解のようである。

また、田中の発言で非常に興味深いのは、合掌造りという建造物の価値だけで評価されたのではないというところである。「大家族が住んで蚕を飼う生活をおくっていた、近世以前の日本のあり方を如実に示している集落」という点が非常に大きなポイントだったのであり、それはすなわち「白川郷」の暮らしそのものが評価されたといえるだろう。白川村では、合掌造りだけでなく、村人総出で屋根を葺くユイ(結)という相互扶助行為もまた世界遺産の一部であると認識されているが、大家族でもなく、養蚕も行なっていない現在、ユイが「白川郷」のかつての生活文化を示す象徴的なものとして価値づけられているという解釈も可能だと思われる。ただし、実際はそのユイさえも従来のものではなくなっている(7)。

五　現「白川郷」のはじまり

なぜ「白川郷」が世界遺産として認知されたのかという初発の問いの半分は、第一章と本章でほぼ明らかになってきただろう。近代の学知による「大家族制」や合掌造りの発見や研究、文化財保護制度の拡充、ジャーナリズムをはじめとした社会的関心、そして、白川村の――とりわけ荻町地区の人びとの――自己認識の変化、それらが相まって民家という「一般の人びとが暮らす家」を文化財に、世界遺産に、観光資源にしていったのである。それはもちろん近代日本において全国各地で見受けられた動きであるが、とりわけ「白川郷」ではドラスティックに展開したといえる。

しかし、ここで終わりではない。むしろここからが現在の「白川郷」のはじまりなのだ。序章第二節で日本の文化財保護制度の変遷について概観した。簡単にまとめるなら、それは保護対象の拡大と保護方法の変化だといえるが、そこには特定の人びとの特別な文化から、どこにでもあるような一般の人びとによって担われてきた（生活）文化へのシフトも含まれていた。しかも後者は現在進行形で営まれている、いわば「生きている文化」という特徴を持つ。通常このような文化は非常に流動的な側面を持つ。民俗学者の宮本常一は、民俗文化財の創設による民俗神事保護（正確には無形の民俗文化財に対する指定制度の創設）への疑義を呈する新聞記事のなかで「民衆の支持があってこそ文化も宗教も今日まで生きつづけたのであり、そうでないものはほろびた」（宮本　一九七五）と述べている。合掌造りも「大家族制」のように一度滅びそうになった。それはとりもなおさず合掌造りを必要としていた生活や、合掌造りの維持を支えてきた地域社会のシステムがなくなりかけていたからである。しかしながら、合掌造りの一部は民宿として、土産物店や食堂として、文化財／文化遺産として、その用途を変えて生き延びた。ただし、必然的であった変化の流れに棹さして延命しようする行為は、以前とは違う労力やシステムを必要とする。第三章、第四章では、文化財／文化遺産となった「白川郷」の具体的な維持管理の方法について考察していきたい。

第三章　「白川郷」のまもり方——「守る会」委員会活動の現場から

一　文化遺産での暮らしと規制

一九七一年に「守る会」が発足し、白川村荻町地区の地域住民による合掌造り保存運動が本格化したことは前章で述べた。この保存運動の最大の成果は、やはり一九七六年に荻町地区が国の重伝建地区に選定されたことだろう。先述したように、これがなければ一九九五年の世界遺産登録もなかったからである。しかも、文化遺産化の効果はすぐに現われた。選定された翌年には観光客数が約十万人増え、その後も増減はあるものの、全体的に見れば、世界遺産登録の年まで漸次増加し続けている（序章・図0－1）。

しかし、荻町地区が文化財／文化遺産になったことは、そこに暮らす人びとにとって肯定的に捉えられることばかりをもたらしたわけではなかった。荻町地区の人びとは、この時から文化財／文化遺産の保存と活用をめぐるさまざまな葛藤を背負い込むことになったからである。その葛藤の大部分を占めているのが、自らの家はもちろん、家の周囲――庭、木竹、石垣、農地など――も行政の許可なしには手を加えることができなくなったことである。「白川郷」を世界遺産にという話を聞いた時、「これ以上規制が厳しくなるなら断わりたい」という声が住民からあがったというが、それほど大変な思いをしてきたということだろう。しかし、締約国の国内法によって適切な保護管理体制が取られていることが世界遺産一覧表に登録される条件であり、ユネスコから直接新たな規制がかけられることはない。したがって、荻町地区においても規制はこれまでと変わらないと説明されたので、世界遺産に推薦されることを承諾したという。当時は日本が世界遺産条約の締約国になったばかりで、その後日本中で世界遺産ブームが来るとは思いもよらなかっただろうが、現在世界遺産登録に躍起になっている地域には想像もつかない反応に違いない。

では、重伝建地区選定以来荻町地区にかけられてきた、世界遺産登録を断わりたくなるくらいの規制とは、一体どのようなものなのだろうか。日本の文化財保護法のもとで重伝建地区にかけられている規制には、全国共通のものと地区ごとに個別に設けられているものがあり、かなり幅があるのだが、本章では白川村荻町地区の場合について詳細に述べていきたい。その際、実際に行なわれた「修景」と呼ばれる「現状変更行為」と、例外的に認められた／認められなかった「現状変更行為」の事例を通して、文化財／文化遺産が具体的にはどのようにして保存されているのかを丹念に見ていくことにする。

二 「守る会」委員会

重伝建地区に選定された一九七六年から、荻町地区の人びとが「現状変更行為」をする際には、白川村教育委員会の許可をもらわなければならなくなった。「白川村伝統的建造物群保存地区保存条例」によれば、「現状変更行為」(以下、「 」なしで記す)とは、次のようなものを指す。

①建築物その他の工作物(以下「建築物等」という)の新築、増築、改築、移転又は除去
②建築物等の修繕、模様替え又は色彩の変更でその外観を著しく変更することとなるもの
③宅地の造成その他の土地の形質の変更
④木竹の伐採
⑤土石類の採取
⑥水面の埋め立て又は干拓

つまり、合掌造りだけでなく、荻町地区内すべての建築物等の新築・増築・改築・移転・除去・修繕・模様替え・色彩の変更をする際には、許可を得なければならないのである。さらに、規制は建築物等だけではない。たとえ自分の土地であっても、庭や農地を勝手に潰して駐車場にしたり宅

地にしたりしてはいけないし、庭の木を切っても池を埋め立ててもいけないのである。

では、どうすればこのような現状変更行為の許可を得ることができるのか。その手続きは、①現状変更行為許可申請書を「守る会」委員に提出する、②毎月行なわれる「守る会」委員の会合（「委員会」または「例会」と呼んでいる。よって、以下「守る会」委員会という）で審議にかけられる、③教育委員会から許可が下りる、という手順になっている。ただし、③の教育委員会は、②の「守る会」委員会での判断をそのまま採用することになっているから、実質的に許可・不許可の判断をしているのは、「守る会」委員会ということになる。村外の研究者や村内外の学識経験者など十数名からなる伝統的建造物群保存地区保存審議会（以下、「伝建審」）[1]という組織があり、「守る会」委員会で判断が保留となったものがこの会議（年二回開催）にかけられるが、それはごくわずかである。それに、会議にかけられる頃にはすでに現状変更行為が完了していたりして、十全に機能しているとは言い難い。つまり、ほとんどの申請の可否が「守る会」委員会での審議で決定するのである。

「守る会」委員会とは

第二章第四節で「守る会」の会員は荻町地区民全員であると述べたが、「守る会」における事業は、二十名程度の代表者から成る「守る会」委員によって運営されてきた。そして現在の荻町地区で使われている「守る会」という言葉は、「守る会」委員と委員会を指す場合がほとんどである。

る。しかし、本書では便宜上「守る会」／「守る会」委員／「守る会」委員会とそれぞれ分けて表記する。

現在の「守る会」委員会構成員の内訳は、表3－1の通りである。「守る会」発足当初、委員には荻町区長・地区村会議員・各組代表・地区婦人会および青年会の任期中の正副会長・その他会長が必要と認めるもの若干名がなった。[2]会長・副会長は委員が互選することになっていたが、実際は、一九八八年十二月二十五日に新しい「守る会会則」が施行されるまで、荻町区長が会長を歴任していた。一九八八年の改正では、地区内営業団体からの代表者が加えられることになった。また、委員の互選によって選ばれる会長（一名）・副会長（一名）・事務局長（一名）・部長（四名）を役員と呼んでいる（表3－2）。このうち会長・副会長・事務局長の果たす役割が大きい。とりわけ会長は、「守る会」内部におけるリーダーシップを期待されるだけでなく、村内外で行なわれるシンポジウムやマスメディアへの対応といった場面で、常に「守る会」の顔としての役割を果たさなければならない重要な立場である。

明文化された規制

では、この「守る会」委員は何を基準にして審議を進めているのだろうか。明文化されているものを年代順にあげると、以下のようになる。

表 3-1 「守る会」委員会構成員の内訳

1971 年 12 月 25 日～ 1988 年 12 月 24 日	1988 年 12 月 25 日～
区長	地区選出村議会議員全員
地区村会議員	組代表 1 名（7 組あるので 7 名）
各組代表 1 名（7 組あるので 7 名）	地区婦人会代表 2 名
地区婦人会在任期中の正副会長	地区青年会代表 1 名
地区青年会在任期中の正副会長	会長が推薦するもの若干名
会長が必要と認める者若干名	地区内営業団体（宿泊業・食堂業・土産品販売業・一般小売業）から推薦されたもの

注 1：「白川郷荻町部落の自然環境を守る会 会則」（1971 年年 12 月 27 日施行）、「白川郷荻町集落の自然環境を守る会 会則」（1988 年 12 月 25 日施行）より著者作成。

表 3-2 「守る会」委員会内の役職

1971 年 12 月 25 日～ 1975 年	1976 年～ 1988 年 12 月 24 日	1988 年 12 月 25 日～
会長	会長	会長
副会長	運営委員長	副会長
—	運営副委員長	—
書記	書記	事務局長
会計	会計	
総務部長	総務部長	総務部長
環境部長	企画部長	企画部長
奉仕部長	合掌環境部長	合掌環境部長
相談部長	一般環境部長	一般環境部長
—	保存部長	—
その他の委員	その他の委員	その他の委員
監事	監事	監事

注 1：「白川郷荻町部落の自然環境を守る会 会則」（1971 年 12 月 27 日施行）、「白川郷荻町集落の自然環境を守る会 会則」（1988 年 12 月 25 日施行）、（白川郷荻町集落の自然環境を守る会　1991）より著者作成。

注 2：監事を除いた委員の人数は、1971 ～ 1987 年までは 20 名以内、1988 年からは 25 名以内となっている。ただし、委員の他に顧問を若干名おくことができる。

注 3：会則上は 1988 年からだが、1987 年には従来の書記と会計を引き継いで「守る会」の事務と会計を担当する事務局が設けられ、役員名が「事務局長」に変更されていた（白川郷荻町集落の自然環境を守る会　1991）。

一九七一年　白川村荻町部落の自然環境を守る住民憲章
一九七三年　白川村自然環境の確保に関する条例
一九七六年　白川村伝統的建造物群保存地区保存条例
　　　　　　白川村荻町伝統的建造物群保存地区保存計画
一九八〇年　荻町から看板を失くする運動
一九八五年　白川村荻町伝統的建造物群保存地区景観保存基準
一九九二年　白川村自然環境の確保に関する条例　改正
一九九四年　白川村自然環境の確保に関する条例　改正〔二回目〕
　　　　　　白川村荻町伝統的建造物群保存地区保存計画　改正
一九九九年　白川村荻町伝統的建造物群保存地区景観保存基準　改正
　　　　　　景観保存基準におけるガイドライン
二〇〇三年　白川村景観条例〔白川村自然環境の確保に関する条例　廃止〕
二〇〇八年　白川村景観条例　全部改正
　　　　　　白川村景観計画

全体的な流れをいうと、時代が下るに従って、規制の内容が具体的かつ厳密になっている。例えば、一九七一年につくられた「白川村荻町部落の自然環境を守る住民憲章」〔以下、「住民憲章」〕において、規制にあたる部分は資料3－1のようなものだった。これをみると、当時は規制というより「お願い」や「心掛け」あるいは「努力目標」といった感じだったことがわかる。これに対して、一九九九年の「白川村荻町伝統的建造物群保存地区景観保存基準」（以下、「景観保存基準」）改正版の一部（「住民憲章」三―イ、ニにあたる）を抜粋したのが資料3－2である。「住民憲章」の段階であげられていた建築物に用いる色はもちろん、建築物の形態・材料についても具体的な数字や事例をあげて規制を強化していることがわかる。また、「景観保存基準」改正版と同時に作成された「景観保存基準におけるガイドライン」（以下、「ガイドライン」）とは、「守る会」委員が作成したもので、一、住宅の新築又は増築・改築、二、土地の形質の変更、三、駐車場（の面積や見た目、使用目的）の三点に関するガイドラインが示されており、「景観保存基準」を補足するような内容となっている。なお、「景観保存基準」は、「守る会」委員と協議し、白川村教育委員会が作成したものである。そしていずれも大寄合で承認されている。

「守る会」委員会における審議

ここまで現状変更行為の内容、手続きの順序、基準について見てきた。次は、「守る会」委員会での審議の過程について見ていく。

先述したように、「守る会」委員会は月に一度、平日の午後七時か七時半から白川村公民館荻町分館で行なわれる。終了時間は特に設けられておらず、討議が白熱した際は、深夜まで続けられる。

資料 3-1 「白川村荻町部落（集落）の自然環境を守る住民憲章」（一部抜粋）

二、保存の原則

美しい荻町部落の自然環境を守るために、地域内の資源（合掌家屋・屋敷・農耕地・山林・立木等）については「売らない」「貸さない」「こわさない」の三原則を守ろう。

三、自然環境を守るために

イ 建物の修繕並び新改築等に用いる色は、黒又は黒かっ色系統としよう。

ロ 環境にそぐわない看板・広告等は掲示しないように努めよう。

ハ 集落の周囲の山の木はなるべく切らないようにしよう。

ニ 合掌集落の景観を損うような建物、その他の施設はしないように努めよう。

ホ 進んでゴミのない美しい集落の実現に努めよう。

四、合掌家屋を守るために

イ 合掌家屋所有者は、合掌家屋が貴重な文化財であることを認識し、生活の不便をしのぎ保存に努めよう。

ロ 住民全員は、合掌家屋が荻町部落の宝であることを自覚し、所有者の保存に積極的に協力しよう。

ハ 合掌家屋は、特に火に弱い建物であるから火気に細心の注意をはらおう。

資料 3-2 「白川村伝統的建造物群保存地区景観保存基準」1999 年改正版（一部抜粋）

3. 伝統的建造物以外の建築物外観修景の基準
   1. 伝統的建造物以外の建築物とは伝統的建造物指定物件以外の建築物とする。
   2. 建築物の外観各部の仕様は表－2による。
   3. 新築する建築物は、伝統的建造物に指定された建築物とは原則としてその壁面間で 6m 以上の水平距離を置くものとする。
   4. 建築物の軒高は 6.2m 以下、棟高は 8m 以下、屋根勾配は 2 寸以上、5 寸以内とする。ただし、茅葺屋根についてはこの限りではない。
   5. 新築する倉庫・車庫などの付属建築物は 4.7m 以下とする。
   6. 軒の出は 0.8m 以上とする。

（表―2）

	形　態	材料	色彩
屋　根	原則として切妻（屋根面積の 2/3 以上）とする。棟方向は南北又は旧国道及び山や川に平行とする。	1. 金属板・瓦棒葺 ・平　葺 ・横　葺 2. 日本瓦	濃茶又は黒色
軒　裏	伝統的様式による軒裏	木	材料の自然色又は古色塗
壁・腰	1. 伝統的様式によるもの 2. 妻壁は真壁造りで伝統的様式とする 3. 塗壁（漆喰・土） 4. モルタル壁（守る会が認めた箇所） 5. 金属板・その他（守る会が認めた箇所）	木 木 金属板・その他	同上 同上 白・土 守る会が認めた色彩
建　具	1. 伝統的様式によるもの 2. 出窓は庇を設けた和風建築様式とする 3. 車庫シャッターは金属部などに板張又は木製大戸	木 アルミニュウム 木 木	材料の自然色又は古色塗 ブロンズカラー 材料の自然色又は古色塗 材料の自然色又は古色塗
設　備	1. 屋根の消雪装置は景観を配慮したもの（守る会が認めた箇所） 2. 手摺は伝統的様式による	木	
木部塗装	新築	自然色又は古色塗とする。	
	増改築	古色塗	

参加者は、先述した「守る会」委員と白川村教育委員会（一、二名）および（財）世界遺産白川郷合掌造り保存財団（以下、「財団」という。詳細な説明は第五章で行なう）（二名）の職員である。「一、会長のあいさつ」からはじまり、「二、協議事項（現状変更行為許可申請書に関する協議）」「三、その他（総務部、企画部、一般環境部、合掌環境部などの各部会と「財団」、白川村教育委員会からの連絡事項など）」が行なわれるのだが、その中心は、現状変更行為許可申請書（書式は資料3-3）の協議である。一度に申請される件数は、数件〜三十件程度である。内容は、「鯉のぼりのためのポールを一時的に庭に立てたい」というものから、自宅の増改築や新築や公共あるいは企業の建造物（道路の舗装、側溝の蓋の付け替え、高速道路建設工事に関する仮設の建物、携帯電話の中継塔など）までさまざまである。

そして、実際の審議において頻繁に耳にするのが、「景観」という言葉である。「あれは景観に合わない」、「それをすると景観上良くなるの？」、「景観に配慮した色でって付け加えといて」などなど。景観という言葉は、先述した「住民憲章」にも使われている（「住民憲章」三―二）し、現在の守る会の審議は「景観保存基準」に沿って行なわれているので、景観に合うかどうかは確かに重要な問題である。しかし、いくら基準があるとはいえ、景観に合う／合わないという判断は、最終的には個々人の感覚に頼らざるを得ない。だからこそ、審議の場では、申請内容が景観に合うのか／合わないのかが審議の争点になるのである。そこで、実際の様子を、事例を示しながら見ていきたい。

様式 1

平成　　年　　月　　日

白川村教育委員会　様

住　所

氏　名　　　　　　　　　　　　印

現状変更行為許可申請書

このたび、白川村荻町伝統的建造物群保存地区内において、現状変更の行為を行いたいので、白川村荻町伝統的建造物群保存地区保存条例第6条及び同条例施行規則第2条の規定により、下記の関係書類を添えてここに許可されたく申請します。

記

1. 様　式　1
2. 行為前の当該現状写真
3. 平面図、立面図及び配置図
4. そ の 他　（参考写真、資料等）

記入上の注意

様式1又は図面等には、必ず使用する材料（木材、鉄骨、鉄板、モルタル等）の名称、仕上げの色彩、寸法等を必ず記入してください。

申請の別		初申請・再申請	※該当するものに○をし、記入してください。	
行為の概要	行為の内容		行為の位置または場所	
	行為の期間着工予定	平成　年　月　日　～　平成　年　月　日		
	施行業者		施行業者住所、電話	
	建築物	建築物用途	伝建物・非	伝建物・非伝建物
		行為の内容	新築・増築・改築・除去・移転・その他（　）	
	土地	現状地目	宅地・田・畑・原野・その他（　）	
		行為の内容	地目の変更・形状の変更・その他（　）	
	その他			
建築物	行為の規模	平屋建・2階建	間口　　奥行　　高さ	
	主要構造材	木造・鉄筋造・軽量鉄骨・その他（　）		
	屋根の形態	切妻・入母屋・その他（　）	棟の方向	南北・東西・その他（　）
	屋根の材質	茅葺・金属板・その他（　）	屋根の色彩	指定色（濃茶）・その他（　）
	葺替工法	桟葺・入母屋・その他（　）	その他事項	
	軒裏の形状	野地板、たる木表し、腕木、桁表し、軒天井板張・その他（　）		
	軒裏の材質	木・その他（　）	軒裏の色彩	自然色・古色塗・その他（　）
	壁・腰面方向	東・西・南・北	その他事項	
	壁・腰の形態	横板張柱貫表わし・竪板張柱貫表わし・竪板張り・ササラ子下見板張・塗壁・その他（　）		
	腰壁の材質	木・白漆喰・土・モルタル・その他（　）		
	腰壁の色彩	木　自然色・古色塗・その他（　）	白漆喰・土モルタル等	白・土色・その他（　）
	建具の種類	玄関・縁・窓・雨戸・戸袋・その他（　）		
	建具の規模			
	建具の形態	腰付ささら戸・腰板付障子戸・上すかし障子・竪板戸・障子戸・ガラス戸アルミサッシ戸・その他（　）		
	建具の材質		建具の色彩	
その他	行為の規模			
	行為の形態			
	材質		色彩	
行為を必要とする理由				
その他参考事項				

資料 3-3　白川村荻町伝建地区・現状変更行為許可申請書

三 「修景」という名の再創造

ここであげる事例は、いずれも「修景」という行為にあたるもので、一つ目は「電線の地下埋設と街灯の選択」、二つ目は「舗装道路の材質」に関するものである。なお、修景とは、「地区の歴史的風致になじまない非伝統的建造物や地区内に新築される建築物を地区に調和した外観に整備する事業」(文化庁 二〇〇一：一九七)であり、それを「景観が良くなる行為」と見なしているのである。

では、まず一つ目の「電線の地下埋設と街灯の選択」について述べていきたい。白川村では、世界遺産になってから、景観をより良くするために電線の地下埋設を行なった(3)。しかし、治安上の問題を考えると、電柱に取り付けられた街灯をなくすわけにはいかないということになった。そこで、まず問題になったのが支柱の材質である。かつての電柱のような木がいちばん景観に合っているという話になり、案内板をつける必要があるもの以外はなるべく木柱にすることに決定した。案内板は木柱にはつけることができないらしく、案内版をつけるものに関しては、濃茶色の鉄柱を用いることになった。その次に問題になったのが、街灯の電球の種類や色、カバーの形である。白川村役場の建設課から図面をつけた現状変更行為許可申請書を提出してもらい、二〇〇〇年五月の「守る会」委員会で審議して許可を出したのだが、実際についた街灯に荻町地区の人びとから「景観と合っていない」という不満の声があがったのである。

この件について検討するために、二〇〇〇年六月十二日の「守る会」委員会は、まず街灯の見学からはじまった。いつもの「守る会」委員会の開始時刻より三〇分早く現場に集合し、新しい街灯（写真3－1）とそのそばにあった古い街灯を見比べてみた。その後、集会所に移動し、電球とカバーの実物大見本を見ながら討議が始まった。その内容をまとめると以下のようなものだった。なお、実際の議論は行きつ戻りつ進むので、かなり重複があるのだが、それは省略した。また、誰が何をいったかというような審議の詳細は荻町地区の人びとにも知らせないことになっている（結果については、委員である各組の代表が随時報告している）ため、発言者の表記が必要な箇所はアルファベットを用いた。議論の内容は多少冗長に思えるかもしれないが、こうした議論の積み重ねが景観を「保存」する行為なのだということを念頭において読んでいただきたい。

新しい街灯は、確かに「守る会」委員会で許可が出ていた図面通りのものを作って取り付けたものだった。しかし、実物を見てみたら、「守る会」委員が想像していたものと違っていたらしい。許可を出した時には、取り付ける前に「守る会」委員が実物大のモデルを見せてもらうはずだったのに、建設課の担当者と行き違いが生じて、その過程が省略されてしまったことが問題を大きくしたようである。そして、実際に取り付けられた新しい街灯は、荻町地区の「守る会」委員以外の人びとの間でも不評で、クレームがついたのである。ある話者（Aさんとする）はそのクレームの内容を「神戸の異人館」のようで荻町地区には似合わないという風に表現した。Aさんはこの他にも、

「外人やもん」、「神戸とかは外人のあれやからいいけど、（こんな街灯をつけたら、「守る会」委員が荻町地区の人びとに）笑われちゃうよ」という発言を繰り返していた。他に、「（電球の色が）黄色味がかっていればいいけど、西の（新しくついたもの）は明るすぎて景観にあわんという住民の意見がある」と説明する人（Bさんとする）もいた。つまり、Aさんは街灯の形を、Bさんは電球の色を問題にしているわけだが、両者とも白熱電球をつけただけの街灯を最も「景観に合うもの」としてイメージしていることが推察された。その他の委員からも「見た目は従来の方（白熱電球の街灯）がいい」という意見が複数出ており、このイメージは「守る会」委員のなかで共有されているようだった。

こうして「景観に合わない」新しい街灯は、「景観に合うもの」に修景されることになった。ただ、白熱電球の街灯は、雪で破損したり雨や車の振動で切れたりすることもあり、メンテナンスが大変だという理由で、難色を示す意見が多かった。ある近隣組織（組）では、年間十個くらい替えたことがあるという。カバーをすれば取り替える回数は減るものの、それにしても白熱電球は寿命が短いので、取り替えが少なくてすむ水銀灯で、白熱電球の色に近いものにするという案が出た。しかし、水銀灯をつけるためには、安定器を取りつける必要がある。鉄柱であれば、安定器をその中に隠すことができるが、木柱では外につけなければならない。そうすると今度は、安定器がみっともないとクレームがつかないかと心配する声もあがった。しかし、その声は聞き流される形となり、とりあえず白熱電球の色に近い水銀灯にすることで話は落ち着いた。

写真 3-1 「景観に合わない」とされた街灯（2001 年 4 月 28 日、著者撮影）

写真 3-2 作り直された「景観に合う」街灯（2004 年 10 月 15 日、著者撮影）

写真 3-3 最も「景観に合う」街灯（2007 年 9 月 19 日、著者撮影）

ところが、ここでまた新たな問題が生じた。水銀灯にするなら、破損した場合の安全性を考えて電球を覆うカバーをつけざるを得ないが、白熱電球のイメージから、カバーはない方がいいという意見が多かったからである。これには、新しい街灯についていたカバーが不評だった——そのカバーが「神戸の異人館」のようで「景観に合わない」といわれた要素の一つだった——ことも関係している。そこで、今度はカバーの形を変えることはできないのかという話になった。そして、一見カバーがついていないように見えるように、電球の傘からはみ出ないようにフラットかつ透明で、どうしてもカバーが気になった場合にはすぐにはずせるような(その場合、再び電球の種類の問題が生じるのだが)着脱式のカバーを試作してもらうことになった。また、街灯の傘の形や大きさと、鉄柱と街灯の傘をつなぐアームの形や太さおよび長さも良くないということで、それも従来の白熱電球の街灯に近いものにしてもらうことになった。後日、この通りの試作品が完成し、「守る会」委員の承認を得て、取り付けられた(写真3-2)。もちろん、「神戸の異人館」のような街灯も付け替えられ、現在ではもう見ることはできない。さらに、荻町地区のメインストリートといえる旧国道一五六号線沿いの街灯は、後日木柱で建てられることになった(写真3-3)。

ちなみに、この議論のなかで新しい街灯に対する肯定的な意見を述べたのは、一人だけだった。その意見は「学校帰りの子供とか(にとっては)暖かみがあってえいかな」というものだったが、その直後、自らの発言を否定するように「でも景観が」と付け加えられた。

二つ目の事例である、「舗装道路の材質」についても同じようなことが起きていた。やはり「景観を良くするため」に、舗装道路の色をなるべく土の道に近づけようという話である。アスファルトに石を混ぜ込むことによって、それを実現しようとしているのだが、これがなかなか難しいらしい。これに関しては、一応「五箇山」で用いられている道路と同じようなものにしたいという明確な希望がある。同じ業者に頼めば済む話のようだが、「五箇山」は富山県の道路公団が行なっており、白川村は岐阜県なので頼めないのだという。そのため、岐阜県の道路公団が、石の大きさや色、ブレンドの割合などについて試行錯誤を繰り返している。とりあえず、庄川の石を使うということは決まっているらしい。すでに何度も見本が作られており、実際に施工したところもあるが、一五センチメートル四方程度の見本では良さそうに見えたものの、実際に道路にしてみたらイメージと違ったという意見が出て、また振り出しに戻っている。この問題はまだ解決していないが、「守る会」委員のイメージ通りのものが完成したなら、電線の地下埋設の際に舗装した道路もまた「景観を良くするため」に舗装し直すことになるかもしれない。

これらの事例からわかるのは、伝統的建造物群「保存」地区という名称とは裏腹に、修景行為によって景観が新たに創り直されているということである。しかも、この修景行為は、建築物の新築・増改築はもとより、重伝建地区のいたるところで行なわれている。つまり、「保存」や「維持」といいながらも、文化財／文化遺産は日々再創造されているのである。また、これらの事例から、修景にとって重要なのは、「ホンモノらしさ」だということもわかるだろう。景観は良くしたいが、白熱電球や土の道では生活上、不便である。そこで、「白熱電球の街灯モドキ」や「土の道モドキ」

の開発の必要が出てくるのである。しかし、その「モドキ」がニセモノとして批判される場合もある。それについては第五章で論じたい。

また、非常に興味深いのは、この審議そのものがある種の「集合的記憶」の生成および共有の場にもなっていると考えられることである。本節で示したとおり、「景観保存基準」など明文化された基準はいくつかあるものの、景観に合う／合わないというような話が中心となる場合には、個々人の感覚的なものに頼った議論になりやすい。しかし、その個々人の感覚的なものから発せられたイメージが重なり合い、共有されることによって、一つの明確な像＝最も「景観に合うもの」が導き出されるのである。あるいは、三十年近く繰り返されてきた修景行為を通じて、ある種の「集合的記憶」――「良い景観」のイメージ――がすでに個々人の身体に埋め込まれており、審議のなかでそれがより一層明確になってくると考えた方がいいのかもしれない(4)。

四　残された裁量

審議の柔軟性

前節では、「守る会」委員会における現状変更行為許可申請の審議の場では、景観の問題が重要な判断材料になることを述べた。ただし、それはもちろん、「景観保存基準」などの基本的な基準を守っていることが前提となっている。しかし、数は多くないものの、「景観保存基準」や「ガイドライン」などの基準に反する現状変更行為が行なわれることがある。また、基準をクリアしているにもかかわらず、「守る会」委員の許可が下りないこともある。ここでは、そのような事例を一つずつ紹介したい。なお、これらの事例については、主に元「守る会」会長である三島敏樹さんにお話を伺った。

まず、一つ目の事例だが、ある人（仮にCさんとしておく）が田圃を埋め立てて、観光客用の駐車場を開業したことがあった。これは明らかに「ガイドライン」に違反している。「ガイドライン」には、駐車場の造成は「住民の居住に必要最小限度とし、借《ママ》有料駐車場として利用しないこと」（白川郷荻町集落の自然環境を守る会　二〇〇〇：一〇）と明記されているからである。もちろん「守る会」委員会でもかなりもめたという。申請は、棄却された場合、手直しを加えて再申請することができるが、このケースは再申請でも許可が下りなかった。しかし、結局「守る会」委員会では手に負えなくなり、「伝建審」にかけられた。結果はもちろん不許可になったが、Cさんは許可を得ないまま埋め立てを強行した。その後もCさんと「守る会」役員との話し合いは続き、最終的には、宅地として埋めたということにして、家を建てるまでの間、期間限定で許可するという結論に達したのである。これは、近い将来荻町地区に出入りする車が規制される(5)ということを見越した温情採決だった。実は、この事例だけでなく、なし崩しに許可がでる「やったもん勝ち」的状況がこれまでにも結構あったという。また、「やったもん勝ち」だけでなく、申請する人によって採決が変わる――ある人は許すが、ある人は許さない――というようなこともあったらしい。また、逆に一人の人を認めてしまったばかりに他も認めなければならなくなったこともあるという。年々規制が具体的で厳密になっていったのは、こういう不平等をなくす目的もあったのである。

しかしその一方で、ある店舗（仮にこれをDさんとしておく）の増築が「ガイドライン」——増築する部分の面積は、「原則として既存建築面積の五割増を限度とする」（白川郷荻町集落の自然環境を守る会　二〇〇〇：九）というもの——に沿っているにもかかわらず、不許可になったということがあった。これが二つ目の事例である。なぜ、「ガイドライン」に沿っているにもかかわらず、Dさんには許可が下りなかったのか。その理由は、かつてその店舗ができた経緯に問題があり（「守る会」委員会での審議結果を無視して建てた）、荻町地区の人びとの間に未だに感情的なしこりが残っているからで、それに配慮した審議結果だったらしい。後日、「守る会」委員がDさん宅を訪ねて事情を説明し、何とか納得してもらったという。

以上のように、「守る会」委員会における現状変更行為許可申請の審議では、必ずしも「景観保存基準」や「ガイドライン」が遵守されるわけではない。申請者の言い分や現状に対する同情、過去の経緯、人間関係をこれ以上悪化させないための配慮など、さまざまな思惑が錯綜するなかで、審議は遂行されるのである。よって、時には、基準に沿っていないのに許可が下りたり、基準に沿っているのに許可が下りなかったりする事例が出てきてしまう。しかも、このような議論の際には、景観という言葉が出てくる回数が極端に減少する。これは一体どういうことなのだろうか。

「公」と「私」の間

前節で取り上げた修景の二つの事例と、先述したCさん、Dさんの事例の最大の違いは、それが「公」のものか「私」のものかという点である。前者は、街灯も道路も公共のものであり、個人の利害とはほとんど関係しないものである。ところが、後者は収入に直接関係することもあって、当事者にとっては非常に重要なものだった。もちろん、個人宅の新築や増改築にも景観に合ったものが要求される。しかし、それは公共のものに比べれば、非常に緩やかなものである。これには「守る会」設立当初からの「守る会」委員の立場性が関係していると思われる。

第二章で述べたように、「守る会」による合掌造り保存運動は、合掌造りを観光資源として活用しつつ残していこうとすることからはじまったものである。換言すれば、それは何より「生活の向上」を目指したものだった。合掌造りはもとより荻町地区全体が文化遺産となり、「守る会」委員の位置づけも変化してきてはいるものの、住民の生活に重きを置くという姿勢に変わりはない。そして、そういう姿勢から、「守る会」委員はこれまでどれだけ規制が厳密になってもそれを柔軟に運用してきた。その柔軟性は時に荻町地区の人びとの不満のもとともなってきたし、現在までの「守る会」委員と審議のあり方自体にも問題がないわけではない(6)。しかし、「守る会」委員が、住民間の軋轢が生じかねない問題を解決する役目を果たしていることは確かである。「守る会」委員は、「「守る会」の許可が出なくても勝手にする」あるいは「裁判に持ち込む」といった人をなだめすかし、何とか折り合いをつける努力もしているのである。そうすることで何とか均衡を保つことができ、それが文化遺産の維持に繋がっているといえる。このことを過小評価するべきではない。

強まる規制

以上のように、これまで「守る会」委員は現状変更行為に対して比較的柔軟な対応をしてきた。しかし、その結果約四十年の間に荻町地区内の建築物数は増加し、既存の建築物も増改築によって拡大している。また、農地が宅地や駐車場に変更されたり、休耕地になったりしているところも少なくない。そのため近年景観の悪化を懸念する声が高まっている。世界遺産登録に合わせて行なわれた「白川村荻町伝統的建造物群保存地区保存計画」の改訂や、先程から何度も言及している「景観保存基準」の改正や「ガイドライン」の作成の背景には、このような事情もあったと考えられる。ただ、それらは荻町地区に暮らす人びとにとっては規制の強化にほかならない。つまり、荻町地区の人びとは「世界遺産になっても何も変わらない（規制は強くならない）」と説明を受けていたが、実際は世界遺産に登録されたことが直接的・間接的な要因となって、規制が強くなっているのである。その一方で、世界遺産登録後に観光客が急増したことから、現状変更行為も増えている。土産物屋や飲食店などを開くために自宅や車庫などを増改築したり、金銭的な余裕が生じたことによって自宅などに手を加える人が増えたためである。そして、これがまたさらなる規制の強化を招こうとしている。この件については第五章で改めて論じたい。

さらに、こうした状況を受けて、現在の「守る会」委員の議論は、どうしても規制の遵守を促す方に偏りがちになってきている。強まる一方の規制と人びとの不満の間で、「守る会」委員はどこまでその裁量を維持していけるのか。「守る会」委員は現在非常に難しい立場に立たされている。

組の存在

実は、「守る会」が現在のような形で存続しているのは、「守る会」委員だけの力ではない。荻町地区には、「組」という近隣組織が比較的強固な形で残っており、それが「守る会」委員の活動を支えていると思われる。

組とは、家々が生活のために助け合う相互扶助組織である。白川村の相互扶助行為としては、屋根葺きの時のユイが有名であるが、その際にも、親戚と並んで同じ組に属する人びとが中心的な役割を果たしており、組という組織があるからこそユイもまた成り立つという関係にある。そのほかにも、年中行事や日常生活において、組は重要な役割を果たしている。荻町地区には、中屋・東上・東中・東下・西上・西下・橋場の七つの組があり、それぞれ近隣の十数戸から三十数戸で構成されている。各組の代表である伍長は、組で行なうさまざまな行事を取り仕切ると同時に、村や地区の会議などに出席することになっている。各組では毎月一回寄合が行なわれるが、その際、役場や農協、「守る会」などからの連絡事項が伍長から伝えられる。また、寄合では税金や神社・寺（その寺の檀家のみ）・一宮・伊勢神宮への布施も徴収される。

組単位で行なう仕事としては、①一年の祭りを取り仕切るカギトリ（鍵とり）(7)、②屋根葺き（組の男性は同組内の屋根葺きで中心的な役割を果たし、女性は賄《まかな》いをする）、③棟包み（屋根の棟の部分の茅を替えること）、④結婚式の手伝い、⑤葬式の手伝い、⑥火の番まわり（一日数回、火の用心を呼びかけながら、組や地区をまわるというもの）、⑦ユスイサライ（用水さらい）などがあげられる。この他、組は茅《かや》・籾《もみ》・お金などの頼母子講《たのもしこう》の単位にもなっている。また、ＰＴＡや婦人会などの役職を決める際にも、組単位で順番にまわってくる。

以上のように、組は荻町地区の人びとの生活にとってなくてはならない存在である。それゆえ組は親戚と並ぶ特別な存在として位置づけられている。第二章で述べたように、重伝建地区選定前に板谷さんたちが行なった、荻町地区住民合意形成のための懇談会が組ごとに行なわれた（板谷静夫所蔵資料　一九七六）のはそのためである。

また、こうした組内部の紐帯の強さは、住民総会である大寄合の機能維持にも繋がっている。「守る会」が設立される際、大寄合で承認されたことは第二章で述べたが、現在でも毎年大寄合の際には「守る会」の代表が一年間の活動報告をすることになっているし、第二節で述べた明文化されたさまざまな規制も、大寄合での承認を経ているのである。それはおそらく単に荻町地区の全世帯が「守る会」の会員であるからというのではない。むしろこうした従来からある組や寄合といったシステムに「守る会」の活動を上手く乗せることができたからこそ、保存運動は成功したといえるだろう。

さらに、組は相互扶助組織であると同時に、相互監視システム的な側面も有している。したがって、秩序を乱すような行為を行なう人がいたら、組の人が説得に出向いたりする。現状変更行為許可申請にまつわるいざこざもまたその範疇に入っているのである。つまり、組がその機能を十分に発揮し、「守る会」委員を支持する限り、「守る会」はこれまで通りの形で存続していくだろう。しかし、そのためには平等性が重要である。世界遺産登録以降の観光客急増にともなって、住民の不平等感が強まれば、歯車が狂うことも考えられる。実際、荻町地区でそれを危惧している人は少なくない。

五　「白川郷」継承の特殊性

「白川郷」の一般的なイメージとはどのようなものだろうか。それは間違いなく「伝統的な建物が昔のままの姿で保存されているところ」といった類のものだろう。文化財や文化遺産という言葉が想起させるイメージもまた同様のはずである。しかし、本章で見てきたように、合掌造りや景観は単純に昔のままの姿を保持しているのではない。「白熱電球の街灯モドキ」の街灯や「土の道モドキ」の舗装道路のような大量の「モドキ」に囲まれ、当の合掌造りでさえも、内部は現在の暮らしに合わせて原形を留めぬほど改造されているのであり、外見も一見それとはわからないように見せながら増改築が進んでいる。つまり、「白川郷」は凍結保存されているのではなく、文化遺産として再創造されているのである。

私はこのような再創造が必ずしも悪いとは思わない。むしろ、現在暮らしている人びとの生活に合わせて、住居も景観も変化して当然だと考えている。したがって、荻町地区に実際に暮らしている人びとで構成された「守る会」委員に現状変更行為の決定権が委ねられていることも、肯定的に捉えている。ただし、それがある種特殊な形での文化の継承であることだけは確かだと思うのである。

第四章　文化遺産の保存／活用装置としての民宿と女性の役割

一　合掌造り民宿の誕生

「白川郷」で一九七〇年代から本格化した住民による合掌造り保存運動は、当初から合掌造りを文化遺産として保存するだけでなく、それを観光資源として活用することによって地域振興を促進することを目指したものだった。そして、具体的な活用方法として力を入れたことの一つが民宿経営だったのである。この方法は功を奏し、現在に至るまで、民宿は合掌造りの保存／活用装置として中心的な役割を果たしてきた。それにもかかわらず、合掌造りが民宿になっていった詳細な経緯や、民宿における具体的な労働に関しては、これまでほとんど研究されてこなかった。よって本章では、それを明らかにしよう。

また、「白川郷」における民宿経営の具体的なあり方を考察することは、文化遺産の保存や観光資源としての活用の研究に別の分析視角を導入することにもなる。一般に民宿と呼ばれている宿泊施設[1]は、旅館よりも規模が小さく家族経営が中心である。ただし、家族経営といっても、労働内容の大半が家庭内で「女性の仕事」に位置づけられているものである上、民宿を「副業」として経営している場合も多い（この場合、別の「本業」を持っているのはほとんど男性である）ため、民宿の労働の大部分を支えているのは、その家の女性たちである。もちろん「白川郷」も例外ではない。したがって、本章で「白川郷」における民宿経営の実際を研究として取り上げることは、必然的に当該地域の民宿における女性の労働について考察することになり、ひいては文化遺産の保存や観光資源としての活用において地域の女性が担う役割の一端を論じることにもなる。

民宿経営のはじまり

第二章で述べたように、一九六〇年代前後から白川村でも観光振興への関心が高まっていた。合掌造りを民宿として活用するという発想は、まずはそこから生まれてきたという。その経緯について、現在営業しているなかで最も古い民宿である「ふるさと」の木村美乃里さんは次のように語っている。[2]一九五〇年代半ば頃、木村さんの夫である忠平さんと大泉通地さんは、高山への観光客が年々増加していることを知り、それがやがて白川村に及んだ時の対応策について話していた。そのなかで、自然に合掌造りを活かそうという話が出たという。実際、一九六〇年頃になると、役場を経由して合掌造りの見学を申し込んでくる人が増えてきた。その後木村忠平さんらの話し合いの輪に、佐藤茂盛さん、松井清海さん、木村達郎さんが加わり、五人で話しているうちに、佐藤さん宅の合掌造りを民宿にすることを思い立ったという。これが白川村合掌造り民宿第一号の「白川荘」である。続いて木村忠平・美乃里さん宅や「守る会」創設の立役者である山本幸吉さん宅などが合掌造り民宿をはじめ、一九七〇年までに五軒の合掌造り民宿が誕生した。しかし、当時はまだ夏期に三ヵ月間だけ営業を行なう季節民宿だった。その後、保健所から調理師免許を取って家を改築すれば通年営業の許可が下りるといわれたため、それに従って、すべての季節民宿が通年営業の許可を取り直した。表4－1は、このような経緯を含めて、荻町地区の民宿についてまとめたものである。これを見ると、一九七一年から通年営業を申請し始めたことがわかる。また、翌一九七二年から民宿の数が急増しているが、これを後押ししたのが一九七一年に発足した「守る会」だった。

二　「守る会」の活動と民宿の増加

初期の「守る会」が取り組んだ事業として、合掌造りの観光利用があげられるが、とりわけ促進したのが民宿の開業だった。当時の様子を、現在も民宿を営んでいる鈴口茂さんは、こう振り返っている。

昭和四六年頃から白川郷も多くの観光客が訪れる様になりました。その頃、民宿の大先輩である、白川荘、ふる里を始め、五軒の民宿しかなく観光客があふれる様になりました〔昭和

表 4-1　荻町地区民宿一覧

	民宿名	保険許可年月日	家の形態	備考
1	白川荘	不明	合掌造り	1958 年から食堂、1961 年から民宿営業。
2	やまもと	1971年9月9日	合掌造り	1967 年季節民宿として営業開始。
3	ふるさと	1972年4月11日	合掌造り	1967 年季節民宿として営業開始。
4	かんだ屋	不明	合掌造り	1968 年季節民宿として営業開始。
5	十兵衛	1972年4月11日	非合掌造り	
6	きど屋	1972年11月27日	合掌造り	1970 年季節民宿として営業開始。
7	幸エ門	1972年11月27日	合掌造り	
8	のだにや	1972年11月27日	合掌造り	
9	文六	1972年11月27日	合掌造り	
10	孫右エ門	1972年11月27日	合掌造り	
11	よきち	1972年11月27日	合掌造り	
12	一茶	1974年11月26日	合掌造り	
13	かんじや	1974年11月26日	合掌造り	
14	源作	1974年11月26日	合掌造り	
15	よそべえ	1974年11月26日	合掌造り	
16	久松	1975年9月1日	合掌造り	
17	利兵衛	1975年10月13日	合掌造り	
18	ちなの家	1976年4月4日	合掌造り	
19	わだや	1976年9月16日	合掌造り	
20	伊三郎	1976年12月22日	合掌造り	
21	大田屋	1976年12月22日	合掌造り	
22	与四郎	1976年12月25日	合掌造り	最初の許可と営業開始は 1972 年。その後、名義変更のため許可を取り直した。
23	十右エ門	1979年3月9日	合掌造り	最初の許可と営業開始は 1976 年以前。その後、名義変更のため許可を取り直した。
24	田中	1984年12月10日	合掌造り	最初の許可と営業開始は 1976 年以前。その後、名義変更のため許可を取り直した。
25	松兵衛	1987年6月10日	合掌造り	最初の許可と営業開始は 1976 年以前。荻町バイパス建設に伴い、場所を移動して許可を取り直した。

注 1：白川郷民宿連絡協議会（1997）、白川村役場商工観光課（2001）、西山（1995）、聞取り調査より著者作成。

四六年、荻町自然環境を守る会が発足。合掌造り保存の先駆者であった山本幸吉氏、板谷峰止氏〔板谷静夫さんの弟で、やはり合掌造り保存運動に熱心だった方〕が合掌造り保存の為、民宿に利用しようと合掌造り所有者を一戸一戸熱心に説得に廻った。今思えば、あの時の御二人の努力は合掌造り保存の基を築いてくれたと思います。私も民宿なんてとても出来ないと思って居ましたが、御二人の熱意にほだされ民宿を始める決心をしました。（鈴口　一九九七：四）

一九七一（昭和四六）年頃から観光客が訪れるようになったのは、国鉄キャンペーン・ディスカバージャパンの影響だろう。私が鈴口さんに聞取り調査を行なった際には、山本さんと一緒に村の畜産部会(3)に所属していたため、山本さんから度々合掌造りの保存と活用の話をされて、自分もだんだんそういう気持ちになっていったとも語っていた。また、民宿「幸エ門」の前経営者であった大谷茂雄さんは、ちょうど「守る会」が発足した頃、合掌造りの自宅を壊して非合掌造りの住宅を建てようとしていた。しかし、親戚である山本さんから、民宿を経営し合掌造りを残すよう説得された。その際には、「合掌を壊すんだったら、火をつける」というようなことまでいわれたという。もちろん、これは脅迫ではない（脅迫されたから、それが怖くていうことを聞いたという類のものではない）。普段、荻町地区の人びとは親戚を非常に大切にしているが、その親戚にこんなことをいうほど山本さんは必死だったのだろうし、説得を受ける側にもそれが伝わったと考えられる。さらに、民宿「大田屋」の大田利展さんも、民宿を始めたのは、大田さんのお父さんが山本幸吉さんに説得されたからだと話していた。いずれも山本さんたちの懸命な姿が目に浮かぶような話である。こうして、荻町地区の民宿は、一軒また一軒と増えていったのである。

もう一度表4－1を見ていただきたい。この表にある民宿のほとんどが、山本さんたちの努力の賜なのである。現在荻町地区には主屋として利用されてきた合掌造りが六一あるが、活用用途の第一位は民宿である（表4－2）。多くの方から「民宿になったからこそ、合掌造りを保存することができた」という話を聞くが、まさにその通りだといえるだろう。

表 4-2　2002 年度伝建地区内合掌主屋活用内訳（2002年5月現在）

No.	種別	棟数
1	宿泊施設（民宿）	21
2	土産物店	8
3	飲食店	7
4	住居	11
5	空き家	5
6	その他	9
	合計	61

注 1：世界遺産白川郷合掌造り保存財団・松本継太さん作成の資料に著者が加筆したもの。
注 2：民宿の登録件数は 23 棟だが、休業中で住居として使用されているものは「住居」として数えている。

三　白川郷民宿業連絡協議会の設立と民宿の特徴

山本さんたちの尽力によって民宿が増えはじめた頃、民宿経営者たちは、経営を軌道に乗せるためにも、自分たちだけの新たな組織の必要性を強く感じるようになっていた。というのも、当時民宿は荘白川旅館同業組合に所属していたが、旅館業者の話に違和感を感じていたからである。その違和感は主に、旅館業者が民宿を「敵」のように思っていて、民宿に対して批判的な態度をとっていたことからきていた。木村美乃里さんによると、季節営業をしていた時には旅館同業組合を通して保健所の許可を受けていたのだが、営業開始予定日から一週間を過ぎても許可が出なかったこともあるという。民宿がレジャー産業に根付いたのは一九七〇年前後である（浦　一九八五）というから、荻町地区も全国的な流れと連動していたことがわかる。総理府編『観光白書』（一九七〇、一九七五、一九八一）によれば、その数も一九六四年には九九六九軒だったものが、一九七一年には倍以上の二万八二二軒になっており、旅館に比べて安価な料金と、後述するような「家族的なサービス」で、人気を集めていたようである。したがって、荘川村・白川村に限らず、当時の旅館業者の目には、民宿は大いなる脅威として映っていたのかもしれない[4]。

行政（白川村役場）のなかには、こうした民宿業者の窮状を聞いて、旅館同業組合からの独立を勧めてくれる人もいた[5]。しかし、小さい村のなかで角が立ってもいけないということで、旅館同業組合の下部組織として民宿業者だけの集まりを作ることになった。それが、一九七七年に設立された白川郷民宿業連絡協議会である。白川村全体の民宿業者を対象としていたが、実際に会員になったのは、ほとんど荻町地区内の民宿業者だった[6]。役員（会長・副会長・書記・会計）は、会員を三つのグループに分けて、その持回りにしている。一九九七年までの間で女性が会長になったことは一回、副会長になったことは四回（二人）しかない。また、一九八三年までは書記は全員男性で、会計は男性が四回（三人）、女性が三回だったが、一九八四年以降は、書記・会計はずっと女性が担当している（白川郷民宿連絡協議会　一九九七）。会長経験者の大田利展さんによると、会長・副会長は男性、書記・会計は女性というふうに決まっているらしい。ただし、年一回行なわれる総会に出席するのは、役員以外はほとんど女性だという。役員の任期は一期一年だったが、一九八四年からは一期二年になっている。

また、民宿業者が自分たちだけの組織を欲したのは、旅館業者との軋轢だけが理由ではなかった。大田利展さんは、『創立二〇周年記念式典』で、「旅館やホテルと違う異質文化の特徴を出す」（大田　一九九七：一）ためだったと述べている。その「特徴」とはどのようなものなのか、白川郷民宿業連絡協議会設立当時の「白川郷民宿業連絡協議会規約」から考えてみよう。

「白川郷民宿業連絡協議会規約」によれば、本会は「会員の相互扶助の精神に基き会員のために必要な事業を行い、もって会員のため自主的な経済活動を促進し経済的地位の向上を図ること」を目的とするものである。そして、その目的を達成するために、次のような事業に取り組むと述べている。

一　本会は荘白川村旅館同業組合員の民宿（簡宿）業者にて組織の関係保健所その他関係機関の指示指導事業を遵守する。

二　本会々員の経営の合理化、協同的研修会事業、環境衛生基準確保、防災に関する事業
三　白川郷の自然環境保全を守り公害発生防止事業
四　白川郷観光地域内の清掃事業促進のため会員は必要に応じ季節的に地域をさだめ奉仕的清掃事業を行う
五　本会は白川郷を日本人の心の故里として来郷観光客に地場産物を主とした自家製の料理の調成、家族的ふん囲気人情味第一の歴史と民俗民話伝説の紹介
六　その他民宿業に必要な目的事業

このなかで、日常業務の遂行上最も重要なのは五である。「日本人の心の故里」「地場産物」「自家製の料理」「家族的ふん囲気」「人情味」「歴史」「民俗民話伝説」という言葉が並んでいるが、換言すれば、地域固有のもので独自性をアピールしつつ、「ふるさと」や「家族」といった雰囲気を醸し出すことが民宿の経営目標として設定されていたといえるだろう。そして、これらが大田利展さんのいう旅館やホテルとは違う民宿の特徴だと考えられる(7)。

四　民宿経営の実際

民宿の労働は「女性の仕事」

ここまで合掌造り民宿の成り立ちについて見てきた。そして気づくのは、女性はほとんど前面には出てこないということである。これまでに名前が出てきたなかで唯一の女性である木村美乃里さんが語っていたのも、男性の話し合いのなかで、合掌造り民宿の経営が決まっていったという話だった。これに限らず、村や地区、組などさまざまなレベルで行なわれる住民間の話し合いの場に出かけるのは、ほとんどが男性である(8)。女性は、夫や息子が出席できない場合や、夫が死亡して一人暮らしをしている場合に出席する。しかしながら、実際に経営を始めた民宿で主な労働を引き受けたのは、その家の女性たちだった。先述した民宿の特徴となる雰囲気を醸し出すのにいちばん重要な役割を果たす食事の用意だけでなく、部屋の掃除、浴衣や寝具類の洗濯など、民宿で必要とされる労働の大半が、従来からの「女性の仕事」の範囲に入るものばかりだったからである。また、民宿経営を「副業」としたため、男性は別の「本業」を持ったままだというのも、民宿における労働のほとんどを女性に頼らざるを得ない理由の一つとしてあげられる。ただし、「歴史」や「民俗民話伝説」などの紹介に関しては、「本業」から帰宅した男性が中心となって行なってきたようである(9)。ここに労働内容とジェンダーとの関連性を見出すことも可能だと思われるが、これにはそういう話をしなければいけない時間帯＝夕食後に、女性は後片付けに追われているという事情もある。

では、その民宿の労働とはどのようなものなのか、具体的に見ていくことにする。

民宿の献立について

先程民宿の特徴となる雰囲気を醸し出すのに重要なのが食事だと述べた。そしてそれは、民宿の労働のなかで最も大変なものでもある。また、現在各民宿の献立は類似しており、共有するレシピの存在を感じさせる。したがって、労働の全体像について述べる前に、献立の内容とその決定過程について特に言及しておきたい。

木村美乃里さんによれば、民宿で提供する料理の内容は、ホンコサマ（報恩講）のようなものを出せばいいと考えたから、そんなに悩まなかったという。ホンコサマとは、浄土真宗の宗祖親鸞の恩に報いるために毎年十二月に各家で行なわれるもので、荻町地区では十月の白川八幡神社例大祭と並ぶ重要で盛大な年中行事である。各家では、僧侶と親戚を招き、僧侶による読経と説教が終わった後、お斎《とき》が振る舞われる。このお斎のために、家人の分も含めて十〜三十人分のご馳走を用意しなければならない。しかもこれは「本膳」と呼ばれる、僧侶とその場に参加している人の分のみの数である。他に、お世話になっている近所の人たちに届ける分（十〜三十人分）や、料理を作った女性たち（親戚の女性も含む）が食べる「後善」（数人分）も用意する必要がある。したがって、ホンコサマは女性にとって一年で最も忙しい行事となる。その準備は、親戚の女性たちに手伝ってもらいながら、三日かかるという。さらに、料理の材料は、何ヵ月も前から蓄えておかなければならない。春に取れた山菜や、春から秋にかけて収穫した野菜なども、塩漬けや冷凍をして、ホンコサマのために取っておくのである。このようなホンコサマの経験が、民宿を経営する際に非常に役立ったようである。ただし、ホンコサマの料理は一年で最も豪華なものであり、すべてその通りに作るわけにはいかない。そこで、ホンコサマの料理のなかでどれを取り入れていくかは、民宿を始めた家の女性たちが集まって、相談しながら決めていったという。そして、後に民宿をはじめた人たちは、木村さんたちからその内容を教えてもらったようである。例えば、一九七二年から営業をはじめた民宿「幸エ門」の大谷睦子さん（現経営者）の姑である富子さんは、生前、当時の様子を「最初は何を作っていいかわからなかったから、木村さんに習った」と話していたという。

では、その献立がどのようなものであったかを、大谷睦子さんが富子さんから引き継いだ当時の献立帳から紹介しておきたい。ただし、初期のものは年月日がはっきりしていないため、紹介するのは一九七六年のものである（この間、献立の内容はほとんど変わっていない）。図4－1、図4－2がそうであるが[10]、これが現在に至るまで民宿の献立のベースになっている。現在でも見受けられる各民宿の献立の類似は、このような初期の献立の共有からきていると思われる。また、一九九〇年前半まで盛んだった団体旅行――特に修学旅行――の受け入れが、より一層献立の共有を促進したようである。

白川郷観光協会には、一九八一年以降の修学旅行の受け入れ記録が残っている[11]。一九八一年には二校（一校は四〇〇人、もう一校は人数の記載がない）が白川村を訪れている。この年観光協会が行なった事業として「名古屋地方小学校修学旅行売り込み」というのがあるが、そのような活動の甲斐もあってか、翌年には六校二二八〇人に増えている。さらにその翌年には一一校三一二五人＋α（人数の記載がない学校が二校ある）になり、ピークである一九八六年には一八校五二九六人にまで

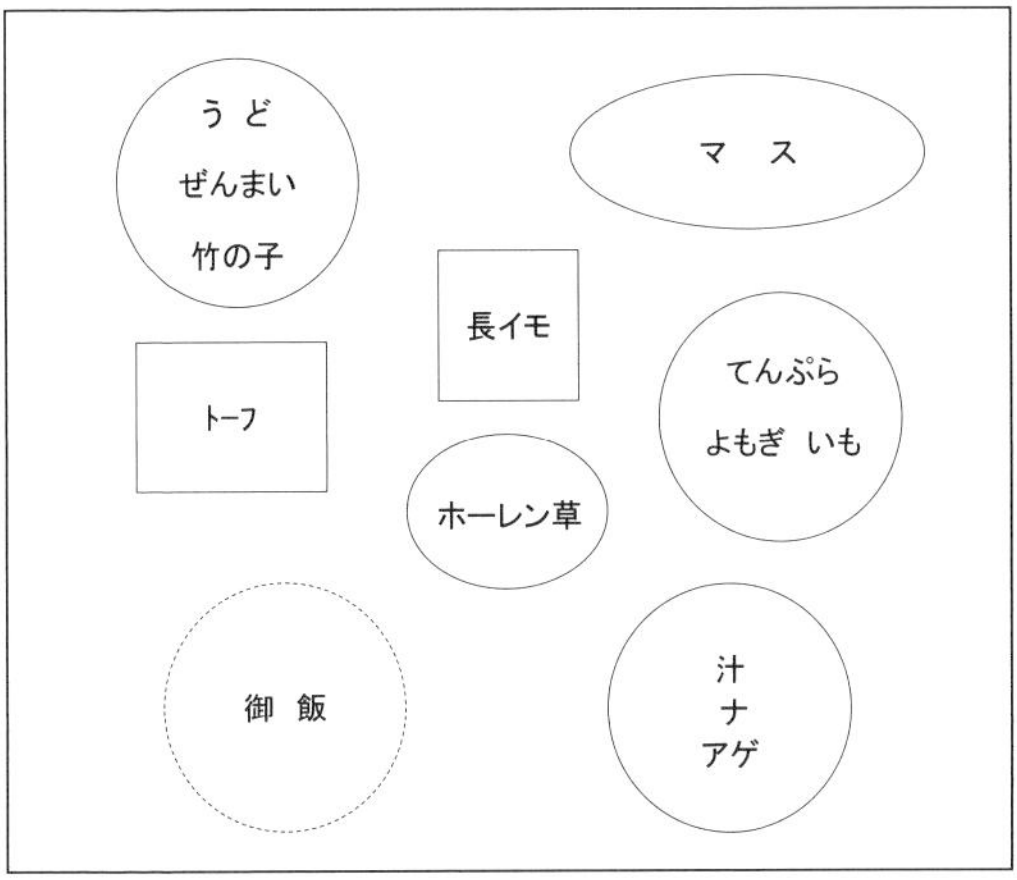

図 4-1　ある民宿の献立（1976 年 5 月 29 日夕食）

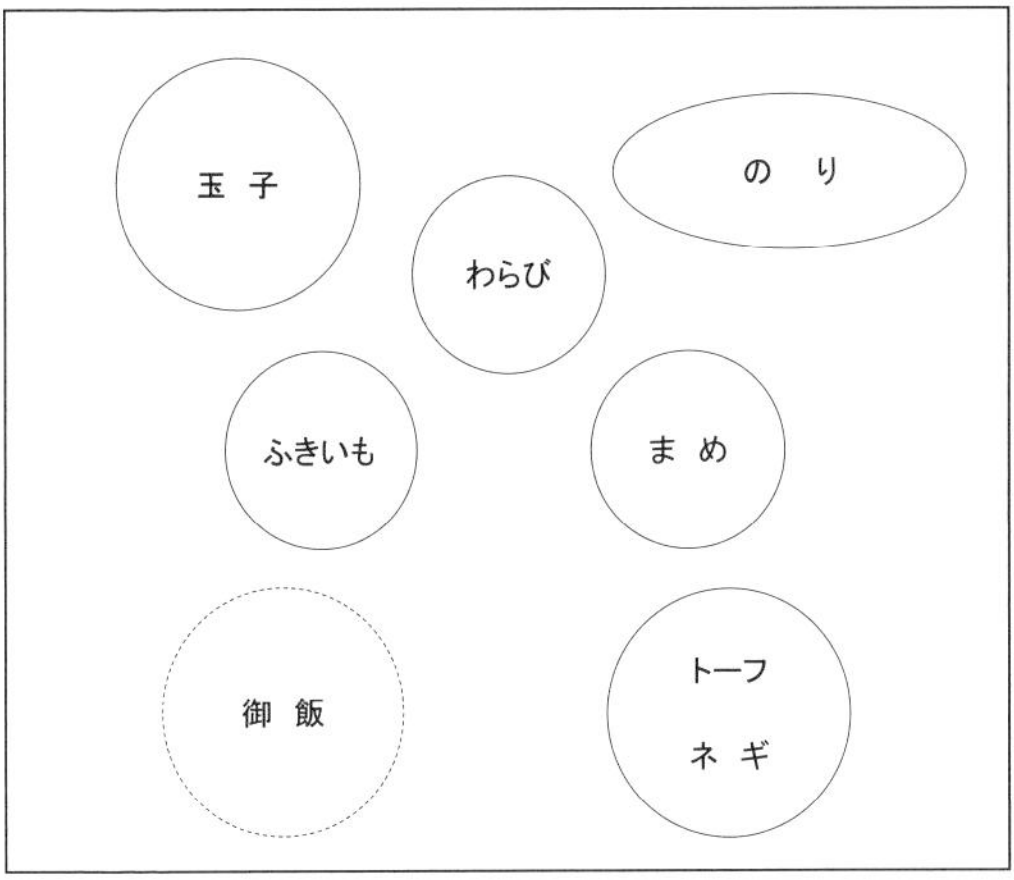

図 4-2　ある民宿の献立（1976 年 5 月 30 日朝食）

増えている(12)。ただし、観光協会を通さずに直接民宿に依頼が入ることもあるため、実際にはもっと多くの修学旅行生が訪れていたと思われる。

修学旅行となると、少なくとも数十人、多い時には五〇〇人近くが一度に宿泊する。各民宿の収容人数は平均十五〜二十人程度であるから、必然的に複数の民宿が共同で受け入れることになる。その際、全体のスケジュールを合わせるとともに、同じ食事や「イベント」（藁細工、餅つき、白川村の歴史や民話といった話や民謡など）を提供しなければならなかった。そのため、事前に受け入れ民宿間の話し合いが必要だった。ただし、その話し合いに集まるのは、受け入れ民宿全員ではなく、「連絡宿」に決まった三、四軒の民宿の女性たちであり、その会合で決定したことが、「連絡宿」から各民宿に伝えられることになっていた。観光協会が「親」（受け入れ窓口）になっている場合、会合での決定事項を観光協会がまとめて印刷し、「連絡宿」から各民宿に配布される。観光協会を通さない依頼の場合には、一軒の民宿が「親」になる。その民宿が責任をもって協力してくれる民宿を探すのだが、「連絡宿」を設けるなど、受け入れ方はほぼ同じである。表4－3は、大谷睦子さんが保存していた、修学旅行受け入れ時に各民宿に配布された資料から献立の部分を抜粋したものである。受け入れ民宿は、この資料に従って同じ食事を作っていたのである。睦子さんによると、修学旅行生は他の団体旅行よりも一層予算が限られるため、献立の制約が大きかったという。例えば魚は、現在ほとんどの民宿で出す焼き魚（岩魚や虹鱒の塩焼き）ではなく、甘露煮しか出せなかったらしい。

表4-3　修学旅行用献立の例（1986年10月17、18日）

夕食	1	天ぷら	かぼちゃ2、しいたけ1、かきあげ2（人参、玉ねぎ）
	2	魚	ますの甘露煮＋紅しょうが
	3	サラダ	いも、マカロニ、りんご、玉子、きゅうり、ハム、レタス
	4	豆腐	1／5、花がつお、しょうが
	5	煮物	てんころいも、キンピラ
	6	すまし汁	ソバ、ネギ、アゲ、まいたけ
	7	小鉢	山いも、しょうが、きゅうり7枚くらい
朝食	1	皿盛	バナナ1／2、フキ、ぜんまい、白ごま
	2	味付けのり、玉子	
	3	小鉢	ほうれん草＋花がつお
	4	みそ汁	大根、ナメコ、豆腐

しかし、一九八六年以降修学旅行の受け入れ数が徐々に減少しはじめ、二〇〇〇年前後からその傾向に拍車がかかった。修学旅行受け入れ数減少の理由については後述するとして、修学旅行と入れ替わりに増加したのは個人客である。大谷睦子さんの実感としては、個人客が増え始めたのは一九八五年以降らしい。それと同時に観光客の目が肥えてきたため、それぞれの民宿の献立も以前より手の込んだものを出すようになったという。

労働の全容

次に、民宿の労働の全容について、私自身の体験も交えながら報告したい。私は、一九九九年七月二十日～八月九日と八月二十三日～九月一日の三一日間、荻町地区の民宿「幸エ門」で住み込みで働いた。この民宿の主な働き手は、先程から何度も登場している大谷睦子さんである。「幸エ門」

が民宿としての営業を開始したのは一九七二年であった。睦子さんはその五年後に大谷昭二さんと結婚し、昭二さんの母親である富子さんが切り盛りしていた「幸エ門」を手伝うことになったのである。そして、一九八〇年までには民宿のすべての労働を任されるようになった。その労働の具体的な内容を見ていきたいのだが、手分けして作業をしていたこともあり、私が睦子さんの労働の一部始終を書くことは不可能である。よって、私自身の労働内容について詳細に報告しつつ、それに付け加えるという形で、睦子さんの労働内容について言及したい。

表4－4は、私の一日のスケジュールである。多少冗長になるが、朝から順に説明していくことにする。

朝は六時半頃起きて、洗面後、宿泊客が朝食をとるいろりがある部屋（板の間）を掃き、宿泊客の人数や構成に合わせて食卓と座布団を並べる。その後、台所にいる睦子さん（五時半～六時に起きて、私より早く働きはじめていた）に合流し、宿泊客用の朝食の準備を手伝う。七時半までに各食卓に朝食を運び、宿泊客に食事の準備ができたことを伝える。起きてきた宿泊客に順に味噌汁を運ぶ。これが八時頃一段落するため、ここで自分たちの食事をとる。朝食後、すぐに後片付けに入るが、この間に睦子さんは宿泊費の精算もこなしていた。朝食の後片付けがすむと各客室の掃除に入るのだが、宿泊客が多い場合、朝食の後片付けが終わるとすでに十時近くになっている。そんな時は、そこで十五分程度の休憩を入れる。宿泊客が少ない場合、客室の掃除の途中で休憩を入れることになる。客室の掃除の内容は、ゴミを集め、浴衣や寝具のカバーなどの洗濯物を睦子さんに渡す

表 4-4　ある民宿の 1 日のスケジュール（従業員ヴァージョン）

6:30〜	宿泊客用の朝食の準備
8:00〜8:30 前後	（従業員朝食）
	朝食の後片付けと客室の掃除
10:00 前後〜10:15 前後	（従業員おやつ）
	客室の掃除・宿泊客用のお茶や浴衣などの準備
12:00〜13:00	家人用の昼食の準備・（従業員昼食）
	宿泊客用の夕食の下準備
14:00 前後〜16:00 前後	（休憩）
	洗濯物の取り入れ・宿泊客用のお風呂の準備・夕食の準備
18:30 前後〜20:00 前後	宿泊客への給仕・家人用の夕食の準備・（従業員夕食）
	夕食の後片付け
21:00 前後〜22:00 前後	宿泊客用の朝食の下準備・野菜などの下処理

注 1：この他、随時宿泊客の応対（部屋に案内し、施設・食事時間などの説明と主要な観光スポットの紹介）をする。

べく廊下に出した後、新しいカバーをつけて寝具を押入れにしまい、部屋に掃除機をかけ、敷居などを雑巾がけするというものである。また、廊下や宿泊客が食事をする板の間は、掃除機をかけた上で雑巾がけをしておく。さらに、掃除が終わったら、各部屋にその日宿泊する人数分の浴衣や枕カバーを置き、お湯の入ったポットと湯飲みや急須、人数分のお茶菓子などを用意する。時々、昭二さんがスライドを使って宿泊客に白川村の歴史などを紹介することがあるのだが、それが予定されている日は、会場となる合掌造りの二階部分の掃除もする必要があった。私がこのような掃除をしている間に、睦子さんは、ゴミを分類し、浴衣や寝具のカバーの洗濯をして干していた。また、家人（睦子さん・夫・舅・娘）の分の洗濯もこの間に行なっていたが、午後にずれ込むこともままあった。私が掃除と客室の準備を済ませ、睦子さんが洗濯などを済ませると、ちょうど昼食の準備をする時間になっていた。家人（睦子さん・夫・舅・娘・私）用の昼食を作り、食べ、後片付けをすると、宿泊客用の夕食の下準備が始まる。米を研いだり野菜の下拵えを済ませると十四時近くになるが、ここから十六時前後まで休憩を取ることになっていた。睦子さんも私も仮眠を取るようにしていたが、予約の電話や宿泊客の到着によって中断されることも多かった。なお、宿泊客が到着した場合、部屋に案内し、施設や食事時間などの説明と主要な観光スポットの紹介をすることになっていた。また、睦子さんが買い物に行ったり、畑仕事をするのも、大抵この時間帯だった。十六時を過ぎたら、洗濯物を取り込んでたたみ、夕食の準備を始めた。ここで宿泊客用の風呂も準備するが、循環するタイプのものだったためそれほど手間はかからなかった（簡単な掃除は睦子さんが午前中にすませていた）。宿泊客の夕食は十八時半からはじまることになっていたため、それまではその準備に集中した。夕食の準備が整うと、宿泊客を部屋まで呼びに行き、食卓についた人から順に飲み物の注文の有無を訊く。お酒を飲む人の味噌汁は後に、御飯を食べる人のものは先にと区別しつつ給仕をする。少し落ち着いたら、家人用の夕食を作り、食べる。なお、この間も宿泊客の飲み物の追加に応対し、タイミングを見計らって味噌汁を出す。大量にお酒を飲む人がいた場合は別だが、二十時過ぎには夕食の後片付けに入る。二十一時前後にそれが終了したら、宿泊客用の朝食の下準備をする。宿泊客の人数分用意した盆に、食器類を用意しておくのである。この間、昭二さんがお酒を飲みながら宿泊客と談笑することもある。そのような場合には、この後、その片付けが入る。さらに、購入した山菜や畑で収穫した野菜などの下処理を手伝うこともあったが、たとえそれがまだ残っていても、二十二時頃になると私だけ先に切り上げさせてもらっていた。睦子さんは、二十四時過ぎまでこうした作業を続ける日もあったようである。

以上のように、朝六時半から夜十時前後まで、表4-4でカッコに入れて書いた食事と休憩以外は、常に働いているような状態だった。ただし、睦子さんは私より平均二、三時間多く働いていたと考えられる。なお、宿泊客数は毎日十人前後だった。また、三十一日間のうち、全くの休日というのは一日だけだった。その日は午前中に前日の宿泊客の後片付けを済ませた後、用事ついでに富山県高岡市に行き、温泉に入って外食をした。他にも民宿が休みだった日が二日あったが、それはそれまでに溜まった畑仕事をするためのもので、ジャガイモや茗荷などの収穫とその下処理を行なった。

夏期がいちばん忙しいとはいえ、夏期以外はこれらの労働を睦子さんが一人で行なっていた。冬には客足が途絶えていた頃とは違い、一年を通して客が入るようになってから、その労働は過酷さを増している。ちなみに、白川村役場商工観光課の統計資料から推測すると、民宿一軒あたりの一年間の宿泊客数は、約千人程度だと思われる。

また、こうした日々の労働の他にも、民宿経営に必要なものがある。民宿の営業者は、食品衛生法に基づき、施設または部門ごとに食品衛生責任者を置かなければならないことになっているのである（浦　一九八五）。食品衛生責任者には営業者か従業員がならなければならないが、「幸エ門」

では、これにも睦子さんがなっている。食品衛生責任者には「栄養士・調理師・製菓衛生士・ふぐほう丁師または知事の行なう食品衛生責任者講習の過程を修了した者」（浦　一九八五：一六六）がなるが、睦子さんは高山で行なわれる食品衛生責任者講習を受けて資格を得たという。木村美乃里さんは調理師免許を取ったというが、大田利展さんによると、荻町地区の他の民宿でも、多くの人がこの食品衛生責任者講習を受けて資格を得ているらしい。そして、それは全員女性だという。税金に関わるため帳簿の記入も欠かせないが、睦子さんはこれも自分で行なっている。

さらに、民宿を営業している関係でまわってくる仕事として、公衆トイレの掃除当番がある。荻町地区の観光業者を中心として組織されている「荻町発展会」の仕事として月に数回まわってくるのだが、実際に掃除をするのは女性だという。

以上見てきたように、睦子さんは民宿の経営およびそれに関わる労働のほとんどすべてを一人で引き受けている。しかも、荻町地区では、「出事《でごと》」と呼ばれる行事などの際に、「女性の仕事」として割り当てられる仕事も多い。屋根葺き・祭りやその他の行事・葬式の際の賄い、「どぶろく祭り」の際のどぶろく[13]の振る舞いなどがそれにあたる。もちろん、睦子さんはこうした出事にも参加している。

五　民宿の今後

受け入れ客の変化と今後の課題

先程、修学旅行と入れ替わりに、個人客が増加していったと述べた。しかし、これはあくまでも民宿の受け入れ客（宿泊客）の変化であって、白川村への観光入込客全体の客層の変化――団体客から個人客へといった単純な変化――ではない。観光入込客数は毎年のように伸びており、個人客も団体客もともに増えてきたのである。そして、修学旅行にしろ他の団体旅行にしろ、今でも観光協会への宿泊に関する問い合わせは絶えないという。しかし、そのほとんどを断わっているのである。本節では、その理由について述べるとともに、荻町地区の民宿が抱える問題と今後の課題について検討したい。

民宿業者が修学旅行の受け入れを敬遠するようになった理由はいくつかある。まず、民宿をはじめた「第一世代」とでもいうべき人びとの高齢化が進み、それを支える「第二世代」が「第一世代」の看病や介護への不安を抱えていることがあげられる[14]。もしも「第一世代」が倒れるなどして突然修学旅行生を引き受けることができなくなった場合、他の民宿に迷惑をかけることになる。そのことを考えて、最初から引き受けないようになってきたらしい。睦子さんが修学旅行の受け入れをやめたのも、これが理由だった。「売り上げを落としてでも、他の民宿に迷惑をかけたくないと思った」という。二つ目の理由としては、人手の確保が難しくなってきたことがあげられる。先述したように、修学旅行には「イベント」がつきものであり、民宿で藁細工を教えたり餅つきをしたりしなければならなかった。しかし、「第一世代」の高齢化が進んだ上、「第二世代」では、男性の

「本業」も忙しく、女性には食事などの準備や後片付けがあるため、それができなくなってきたのである。よって、それらは荻町地区にある「白川郷　野外博物館合掌造り民家園」で請け負っている。それでも、最低限各民宿で食後に何か話（白川村の歴史や民話など）をしてほしいと頼まれるという。しかし、先述したような理由から、それすらままならない民宿がある。誰かに依頼するとしても、荻町地区の住民の多くが何らかの形で観光業に携わっている今日の状況では、時間があいている人を探すのもまた一苦労なのである。

以上の二つが、民宿が修学旅行を受け入れなくなってきた主な理由だが、その他の理由も紹介しておきたい。まず、修学旅行生のマナーの低下があげられる。特に高校生は、たばこを吸った上にその吸い殻を縁側から無造作に捨てたりすることもあったため、受け入れないようにしたという。時には中学生も同様のことをするし、最近では教師もあまり叱らなくなったため、結局小学生しか受け入れなくなってきたらしい。また、個人客の増加も理由の一つとしてあげられる。先述したように、個人客は一九八五年頃から増えはじめていたのだが、特に一九九五年に世界遺産に登録されてから、各民宿に直接電話をかけてくる人が急増したという。したがって、無理に修学旅行を受け入れなくても、それなりの数を確保できるようになったのである。

さらに、世界遺産登録後は、団体客全般を敬遠するようになったという。旅行会社のツアーの場合、それが実際に行なわれるかどうかは二週間前までわからない。そのため、個人客からの予約が入るようになってからは、そういう不確定なものを取りたがらなくなったのである。また、民宿をはじめた頃なら、ツアーの団体客でも男女別の相部屋にして多人数を一度に泊めることができたが、一九八〇年代にはそれができなくなった。グループや夫婦単位で部屋を用意しなければならなくなったのである。このことも、ツアーの団体客を敬遠するようになった理由の一つらしい。

ただし、個人客中心で経営していくためには、従来とは違う工夫や努力が必要となってくる。民宿業者のなかには、これまでの横並び的なやり方ではなく、それぞれが個性を出していく――サービスの差異化を図り、それに応じて料金も変えていく――必要性を説き、実行する人が出てきた。独自のホームページを開設したり、床暖房のような設備投資をしたりしている民宿もある。その一方で、あくまでも従来の民宿らしさを大切にして、料金もあまり上げずに頑張ろうという意見もあり、民宿業者の間でも見解の相違が生じているようである。

また、二〇〇五年開業の「トヨタ自然学校」（馬狩地区）に続いて、二〇一八年には「御宿　結の庄」というホテル（飯島地区）が開業した。飽和状態の宿泊客を増やすために白川村行政が誘致したものであり、村の雇用・人口対策という目的もある。宿泊料金を高めに設定し、民宿とは違う層の取り込みをねらっている。こうした説明を村の人びとも受けたが、荻町地区は反対したという。とりわけ次世代の後継者がいる民宿経営者にとっては、不安材料となっているようである。

後継者問題の行方

民宿業者のなかには、子どもがいなかったり余所《よそ》に住んでいたりして、後継者が決まっていない民宿がいくつかある。この後継者問題が、現在民宿業者が抱えている深刻な問題の一つとしてあげられる。民宿は、合掌造りという文化遺産の保存／活用装置でもあるから、そのまま誰かに引きついでもらうのがいちばんだと思われる。しかし、合掌造り民宿を誰か＝「他人」に譲るのは、容易なことではない。

まず、問題になるのは、合掌造り保存運動の初期の段階でつくった「住民憲章」に謳われている、「売らない」「貸さない」「こわさない」という三原則である。つまり、直接の後継者がいない場合、「他人」に売ることも貸すこともできないことになっているのである。これまでに一件だけ、村内の人に売って、その人が民宿をそのまま経営している例がある。ただし、現在の経営者と前経営者は遠縁にあたるという。しかし、今後かならずしも親戚に希望者がいるとは限らないし、民宿業者や「守る会」役員のなかには、たとえ「他人」であろうと村外の人であろうと合掌造りの保存に理解がある人ならいいのではないかという意見を持っている人もいる。したがって、今後「住民憲章」の改定も視野に入れた話し合いをする必要がある。ただし、このことが解決して合掌造り民宿を「他人」に譲ることが可能になったとしても、まだ別の問題が残る。それは、保健所からの営業許可に関するものである。

民宿に関する話のなかで、合掌造り民宿は「特例で許可をもらった」ということをよく耳にする。荻町地区の民宿は、最初の営業許可を一九七六年以前にもらったものばかりなのだが、それは、保健所が一九七六年申請分までのものに特別に許可を出したからだというのである。そして、以後は親族間の名義変更以外の許可は出ないことになっているらしい。飛驒地域保健所によれば、飛驒地域保健所では、民宿（旅館業法では「旅館」か「簡易宿所」）に対して営業許可を出す際に、①建築基準確認済書（建築基準法に則って確認）と②消防法令適合通知書（消防法令に則って確認）の二つを提出してもらい、確認した上で、旅館業法に則って許可を出すことになっているという。ただし、①②は旅館業法の根拠となる法ではなく（旅館業法には、①②がないと許可が出せないとは書いていない）、火災が起きた際の避難経路が確保されているかどうかを確認するために、飛驒地域保健所が提出を義務づけているものである。①に関しては、宿泊施設の面積が一〇〇平方メートル以内であれば提出しなくてもいいことになっており、荻町地区の民宿はすべて、これに当てはまる。よって、荻町地区の民宿が提出しなければならない書類は、②だけということになる。しかし、消防法令から見ると、合掌造りは到底許可が出せるものではないという。つまり、この点が特例たるゆえんである。現在の飛驒地域保健所には古い資料が残っていないため、過去にどうやって許可を出したのか正確なことはわからないらしい。ただ、旅館業法としてはクリアしているから、関係者（当時の消防署と保健所）間の話し合いによって許可を出した可能性があるという。しかし、今後新たに許可を出すのは難しいというのが、飛驒地域保健所の見解である。それでも、②の書類提出が旅館業法によって定められたものではなく、先例がある以上、話し合いの余地は残されていると考えてもいいのではないだろうか。

六　世代交代という問題

最後にもう一度、民宿経営の現状と今後の課題について、世代交代というキーワードを軸に考えてみたい。というのも、現在民宿業者が抱えている問題の根幹にあるのが、この世代交代だからである。前節で述べたように、受け入れ客層の変化の背景には、民宿経営をはじめた「第一世代」の高齢化にともなう介護問題と労働力不足があった。後継者問題も、もちろん世代交代の問題である。しかし、世代交代による影響は、それだけではない。第四節で述べた女性の過重労働に拍車をかけているのもまた、世代交代だからである。受け入れ客層の変化の際、修学旅行を断わるようになった主たる理由として、「第一世代」の介護問題と労働力不足をあげたが、それはすなわち「第二世代」の「女性の仕事」として、介護が加わったことを意味する。そして、「第二世代」の女性たちは、日々の労働に介護が加わった上に、修学旅行で得ていた収入を個人客による収入で埋めるという、より効率の悪い労働を選択せざるを得ない状況に陥っているわけである。受け入れ客が修学旅行生から個人客に変わったことで、民宿における労働内容は一層厳しくなったといえる。修学旅行の受け入れは、その時は大変だけれど、前もって準備もできるし、次の日に休んだりすることもできる。それに、修学旅行の方が利益も上がり易いという。一度に宿泊する人数が普通のツアーより多いし、確実に収入になるからである。それと同じ数だけ個人客を取ろうとすると、毎日のように営業し、料理の材料なども揃えておかなければならない。また、個人客はいつ来るかわからないから、一日中家をあけることができないこともある。そういう日が続くと、屋根の雪下ろしさえままならないこともあるという。

さらに、世代交代は、民宿経営だけの問題にとどまらない。現在「白川郷」で最も問題視されていることの一つに、休耕地がある。「白川郷」の景観を重視する研究者にとっては、農地は重要な「景観要素」であり、それは耕されていてこそ、「価値となる景観要素」となり得るという（斎藤・松井　二〇〇〇）。その農地の維持に、他の観光業種以上に民宿業者が貢献してきたことが指摘されている（西山　二〇〇一）が、それも「第一世代」の労働力に負うところが大きかったと考えられる。本章で見てきたとおり、民宿業者は合掌造りの保存と活用に最初に賛同した人びとであるともいえ、合掌造りの保存と同様、景観の維持にも関心が高い。よって、そのことと田畑で収穫したものがそのまま宿泊客に提供できるということが、農地の維持に繋がっているのだろう。しかし、「第二世代」「第三世代」の男性が農業以外の「本業」を持ち、女性が民宿の労働に追われるなかで、田畑まで耕すのは非常に困難なことである。

つまり、世代交代の問題は、これまで合掌造りや景観を保存してきたものすべてに関係する重大な問題であるといえる。それは、従来のあり方がすでに限界に近い状態に陥っていることを示しているようにも思われる。

また、もう一度民宿経営の話に引きつけて考えるならば、世代交代にともなって生起しているさまざまな問題は、従来の民宿経営方法が抜本的な見直しの時期を迎えていることを示しているのかもしれない。換言すれば、収入面では「本業」を凌ぐこともある民宿の労働を「副業」と位置づけるような、そしてその多くを「女性の仕事」と見なすばかりでなく、家事労働も親の介護もそのほとんどを女性に負うような、労働とジェンダー関係のあり方そのものの見直しが必要とされているのではないだろうか。また、それは何も女性の労働を軽減するためだけに必要なのではない。そうした見直しは、「副業」という意識や過重労働からくるサービスの低下を防ぐことにも繋がるだろうし、それが長期的な観光戦略として非常に重要だと思われる。

第五章　世界遺産「白川郷」の景観は「悪化」しているのか

一　問題の所在

近年「「白川郷」の景観は変わった」という声を多く聞く。そしてその変化は、一九九五年の世界遺産登録が引き起こしているという。この場合の「変化」は、ほとんど「悪化」というような意味で使われることが多い。「悪化」の原因は、世界遺産登録後の観光客急増にある。例えばそれは、次のように指摘されている。

観光客が大勢来ますから、それを目当てにした土産物店、飲食店が増えています。このこと自体は悪いことではありません。しかし、その景観は必ずしも望ましいものばかりではないのです。土産物店では商品が屋外にあふれんばかりです。商店や食堂など伝統的でない建造物が急増しています。山間の静かな農村であったかつての合掌集落のたたずまいが大きく変わってきています。観光資源の基本にある合掌造とその周辺の環境が徐々に美しくない方向に変化しているように見えるのです。（宮澤　二〇〇五：七二）

私の調査でも、確かに世界遺産登録後、土産物店や飲食店が増加している（才津　二〇〇三c）。新築や増築はもとより、住居の一部をほんの少し改築して、ちょっとした商売（五平餅やアイスクリームなどの販売）を行なう家も目立つ。ただし、非伝統的建造物の新築や改築による景観の変化が進んでいるのは、観光業を営むためだけではない。観光客増加による経済的な潤いによって（経済的な基盤が整ったことから、後継者がUターンしてきた／くることが決まったことなども含む）、自宅の新築・改築や自宅周辺の整備を行なう人もまた増えているのである。

また、「白川郷」の景観の変化は、「悪化」だけではない。重伝建地区で行なわれている修景行為もまた、実際に「白川郷」で生じている景観の変化である。カラートタン屋根の色の変更から公共施設のデザインまで、その例は枚挙に暇がないほどだが、第三章で述べた電線の地下埋設のような大規模な事業が行なわれたことが世界遺産登録後の大きな変化だといえる。さしずめこれは景観の「改善」といわれる変化だろう。

以上のことから、確かに「白川郷」の景観は変わったが、それは「景観の「悪化」」と「景観の「改善」」の両方に変化しているといえる。ただし、注意しなければならないのは、冒頭で述べた「悪化」と評されがちな変化もまた、その実、修景という見地から重伝建地区内の歴史的風致と調和するように定められた基準にしたがって行なわれた現状変更行為の結果であり、必要条件を満たし、正式な手続きを経て、白川村教育委員会から許可を得ているものがほとんどだ――住民が好き勝手に建築物の新築や増改築を行なったわけではない――ということである。このことはつまり、景観に合うようにとつくられたものも、見る者によっては景観を悪化させる建築物になってしまうということを意味する（第三章参照）。景観保全の難しさは、ここにある。そして必然的に、誰がそれを判断するのか、ということが問題にならざるを得ない。

そこで本章では、住民と「専門家」という二つの行為主体に関する考察を軸に、修景を中心とした景観保全のあり方の問題点を浮き彫りにしたい。もちろん、住民は一枚岩ではないし、「専門家」もまたそうである。ただ、世界遺産登録後強まっている「専門家」の介入を相対化するために、ここではこのような対立軸を設定することが有効だと考えた。具体的には、住民の修景行為に対する評価も含めた「専門家」が推奨する修景のあり方とそれに対する住民の反応について、具体的な事例を用いて考察する。その際、これまでほとんど指摘されてこなかった、世界遺産登録後の「景観の「改善」」のための規制強化に着目し、検討を加える。

また、「悪化」と評されるものにしろ、「改善」と評されるものにしろ、重要なのは、それらの変化が「白川郷」に暮らす人びとの生活に直結しているということだろう。にもかかわらず、「専門家」を中心とした、「景観の「悪化」」を憂う人も、「景観の「改善」」を声高に訴える人も、そこを軽視しているように見える。また、その変化を「悪化」と考えるか「改善」と考えるかは評者によるということが自明視されていないこと――唯一無二の「正解」があるように見なされていること――がこの生活軽視の状態をより一層強めているように思われる。本章で問題としたいのはまさにそこなのである。

二　世界遺産登録と規制強化

第三章で詳述したように、一九七一年に「守る会」が発足し、一九七六年に重伝建地区に選定されて以来、荻町地区の人びとは、景観保全に腐心してきた。重伝建地区になる前にある程度予想されていたこととはいえ、自らの生活の場に数多くの規制があることの困難さは想像に難くない。世界遺産登録に向けた住民への説明会が行なわれた時、荻町地区の人びとの間から規制が強くなることを心配する声があがったのはそのためである。その際は規制は厳しくならないという説明がなされたわけだが、実際は違ったといっていい。本節ではまず、条例などの改正および制定と「財団」の創設を規制強化という側面から考察したい。

明文化された規制内容の変化

重伝建地区選定後に荻町地区に課せられた規制については第三章で述べたが、ここでもう一度世界遺産登録と関係する一九九二年以降の動きにのみ焦点を当てて見ていきたい。

一九九二年　白川村自然環境の確保に関する条例　改正
一九九四年　白川村自然環境の確保に関する条例　改正
　　　　　　白川村荻町伝統的建造物群保存地区保存計画　改正
一九九九年　白川村荻町伝統的建造物群保存地区景観保存基準　改正
　　　　　　景観保存基準におけるガイドライン
二〇〇三年　白川村景観条例（白川村自然環境の確保に関する条例　廃止）
二〇〇八年　白川村景観条例　全部改正
　　　　　　白川村景観計画

まずは「白川村自然環境の確保に関する条例」についてである。日本で自然環境保全法が制定されたのは一九七二年だった。国土開発による環境破壊や公害問題が一層深刻なものとなり、一九六〇年代以降、自然環境保護の動きが盛んになって法整備が進むが、本法もそうした流れのなかでつくられたものである。本法の制定を受けて、各地方公共団体でも自然環境の保全に関する条例がつくられた。白川村でも一九七三年に「白川村自然環境の確保に関する条例」が制定されている。しかし、白川村の条例は単に「自然環境」の保全のためにつくられたものではなかった。本条例では「村の責務」として、次の第三～五条をあげている。

第三条　村は、国、県の施策と相まって、地域の自然的、社会的条件に応じた良好な自然環境の確保に関する施策の策定に資する基礎調査を実施し、施策を策定し、実施しなければならない。

第四条　村は、良好な自然環境の確保の思想を高揚し、知識の普及を図るとともに、住民の行なう良好な自然環境の確保に関する自主的活動の助長に努めなければならない。

第五条　村は、重要な郷土の歴史的、文化的資産を保存するため、これらの滅失、き損等の防止及び維持に努めなければならない。

特に第五条が含まれていることから、本条例は「守る会」の活動・目的と合致していることがわかる。ちなみに「守る会」会則の「目的」には次のように書かれている。

守る会は、祖先から受け継いだ荻町集落の美しい自然と素朴な人情に包まれた合掌集落の環境を保護し、永く次代に継承、住みよい郷土を保持し、もって住民の生活安定を図り、地域振興の促進に努めることを目的とする。

「白川村自然環境の確保に関する条例」の目的と基本理念はこうである。

（目的）
第1条　この条例は、良好な自然環境の確保に関する法令に定めるもののほか、良好な自然環境の確保に関する基本的事項を定めることにより、現在及び将来の住民の健康で快適な生活の確保に寄与することを目的とする。

（良好な自然環境確保の基本理念）
第2条　郷土の良好な自然環境は、現在及び将来の住民の共通の資産として祖先から受け継がれた遺産であり、その恵沢は、住民のすべてが共同してながく後代に引き継ぐべきものであることを基本理念として、適正に確保されなければならない。

つまり、本条例は伝統的建造物群保存地区制度がつくられる前に、いくつかの町並み保存先駆地でつくられていた町並み保存関連条例の一つだといえる(1)。そして伝統的建造物群保存地区制度が創設され、荻町地区が重伝建地区に選定された後も、本条例は重伝建地区とその周辺環境保全のために存在していた。それが一九九二年と一九九四年に相次いで改正されているのは、やはり世界遺産登録準備だったと考えられる。一九九二年の改正では、宅地の造成やゴルフ場またはスキー場の建設といった開発行為を行なう際の規制が改正され、一九九四年の改正では、第五条の後に、次の二項が加筆された。

二　前項に規定する歴史的文化的資産のうち特に重要な資産にあっては、当該資産周辺地域の範囲を指定してその保全保護に努め、必要があると認めるときは、自然環境に影響を及ぼすと考えられる開発行為に対し行為を制限する措置を講ずることができる。

三　前項の規定により指定した範囲を「歴史的文化的景観保護地区」と称する。

ここでいう特に重要な「歴史的文化的資産」とは重伝建地区内の資産を指すと思われるが、その周辺地域に「歴史的文化的景観保護地区」を定め、保全保護に努めるとともに、開発行為の制限を行なうのがこの二項が加筆された理由である。世界遺産登録においては、構成資産（プロパティ）の周辺に、遺産を守るのに充分な緩衝地帯（バッファゾーン）を設けることが求められる。「白川郷」の世界遺産登録の際には、この「歴史的文化的景観保護地区」の範囲が緩衝地帯Ⅰ種、白川村自然環境の確保に関する条例の範囲（つまり白川村全体）が緩衝地帯Ⅱ種に設定された（合掌造り集落世界遺産記念事業実行委員会　一九九六）。

一九九四年の「白川村荻町伝統的建造物群保存地区保存計画」の改訂もまた、世界遺産登録を見越して行なわれたものである。この改訂の最も注目すべきところは、「3．保存地区内における建造物及びその他の物件の保存整備計画」の「（4）建造物の移転、除却、新築、増築、改築」の項の最後に、「ただし、かってあった家屋を科学的根拠に基づいて復原するもの以外は、合掌造り家屋に似せたものを造ることはできない」という文章が加筆されたことである。このような「伝統的様式を用いての修景の禁止」は、「日本の伝統的建造物群保存地区の修景基準としては初めての規定で、他に例がないもの」（斎藤　二〇〇一：九二）だという。[2] このことは今後重要な意味を持ってくると思われる。その理由については第三節で述べる。

そして、世界遺産登録後の一九九九年には「景観保存基準」が改正され、同時に「ガイドライン」がつくられた。「景観保存基準」の改正では、伝統的建造物の修理に関する基準や伝統的建造物以外の建築物外観修景の基準が一層厳密になった（第三章資料3－2参照）。また、「ガイドライン」では、住宅などの新築・増築・改築の際の建築面積や、土地の形質の変更および駐車場の造成に関するガイドラインが定められた。特に、有料駐車場の造成を食い止めるのが、この「ガイドライン」作成の目的だったという。

以上のように、世界遺産登録前後で条例・保存計画・景観保存基準・ガイドラインといった複数の規制が改正、作成されていることがわかる。そして世界遺産登録後の景観保全意識の一層の高まりにより、二〇〇三年には周辺環境の保全に関する強化策として白川村景観条例が策定された。しかし、二〇〇四年に景観法が制定されたため、本法にもとづいて、二〇〇八年三月に白川村景観条例が全部改正され、景観形成に関する基本的な方針、行為の制限に関する事項などを定める白川村景観計画が策定された。これによって、より広範で包括的な景観保全措置を講ずることができるようになったといえる。本章第三節以降では、このような「景観保全意識の一層の高まり」がどのように醸成されていったのかについて考察する。

「財団」の創設と規制強化

「財団」は、「白川村荻町伝統的建造物群保存地区保存条例（昭和五一年白川村条例第十五号）に基づき、世界遺産に登録された白川村荻町伝統的建造物群保存地区（以下「世界遺産集落」という）とそれらをとりまく地域の環境を保全するとともに、住民の生活環境を向上させることにより、世界遺産集落の価値を永く後世に継承し、もってわが国の文化の向上と白川村の振興発展に寄与すること」（財団法人世界遺産白川郷合掌造り保存財団 online: about.html#tf-about_details1）を目的に一九九七年に設立された。

設立の基金となったのは、「白川村荻町伝統的建造物群保存地区保存基金」（合掌基金）である。本基金の目的は、文化財保護制度における補助の対象にはならないために、荻町地区の人びと自らが負担している重伝建地区保存のための経費を助成するというもので、募金活動は一九八七年から全国に呼びかけて行なわれた。募金が目標の三億円に到達し、一九九二年には利息運用をはじめたものの、金利低下のためにうまくいかなくなった。そんな矢先に荻町地区が世界遺産に登録され、この基金がそのまま「財団」の設立基金となったのである。したがって、「財団」の事業費はこの基金の運用益を活用している。また、設立後は村からも毎年助成金が出ており、その半分は県からの補助金で賄われている。さらに、村から二つの村営駐車場の運営を委託されており、その収益金の一部が世界遺産集落保存協力金として基金に組み入れられている。ただ、このような財源があっても必要事業費すべてを賄うことは難しく、現在でも継続して寄付を募っている。

「財団」の主な事業としては、世界遺産集落の保存のための修理事業、修景事業、地域活性化事業、調査・普及事業、受託事業、文化財建造物修理設計監理受託事業（伝統的建造物修理事業設計監理受託、現状変更申請書のチェックおよび遺産地区内修景指導受託）などがあげられている（世界遺産白川郷合掌造り保存財団 online: about.html#tf-about_details1）。これによって、文化財保護法に基づいた重伝建地区への補助制度では対象とならなかった修理や修景に対しても助成金が出るようになり、荻町地区の人びとに、規制に則した形での修理・修景を行なってもらいやすくなった（規制に則した形でしか助成金を出さないため）。また、特筆すべきなのは、文化財建造物修理設計監理受託事業として、文化財技師が中心となって、「守る会」委員会にかけられる現状変更行為許可申請書を「景観保存基準」に照らし合わせてチェックし、チェック表を申請書に添付して「守る会」委員会に提出している上に、文化財技師と他の職員の二名が「守る会」委員会での審議の場にも参加していることである。さらに、地域活性化事業として、「守る会」の活動費も「財団」が助成しており、現在の「守る会」の活動費はこれですべて賄われている。なぜこれが重要かというと、これによって、「守る会」という荻町地区の住民組織によって行なわれてきた、いわば住民の住民による住民のための審議に外部の視角――しかも文化財の専門家という視角――が持ち込まれることになったからである。このことが「景観保存基準」をはじめとした規制の遵守に発揮する効果はかなり大きいものと思われる。

三　景観の「価値」は誰が決めるのか

「白川郷」が世界遺産になったことで、以前にも増してさまざまな調査・研究が行なわれている。ここでは、白川村教育委員会予算（一九九八年度）および「財団」の一九九九年度の調査・普及事業によって行なわれた調査で、その結果が直接荻町地区の人びとに報告され、反響が大きかった事例を紹介したい。

「白川村荻町伝統的建造物群保存地区の景観評価に関する調査・研究」報告会

白川村と「財団」に依頼された研究者たちが行なった「白川村荻町伝統的建造物群保存地区の景観評価に関する調査・研究」の調査報告会は、二〇〇〇年七月十四日に荻町多目的集会施設で行なわれた。その報告の内容は、以下のようなものだった。

まず、報告会の前半では、「荻町地区の景観」を構成する要素を特定し、それらが「価値となる景観要素」と「価値を阻害する景観要素」の二つに分類できることを示した（表5－1）。そして、荻町地区内で撮影したそれぞれの要素に該当するものの写真をスライドで見せながら、荻町地区の人びとに「価値となる景観要素」を守り、「価値を阻害する景観要素」を取り除くよう助言したのである。

たとえば、「価値となる景観要素」としては、写真5－1のようなものが紹介された。これには表5－1でいう「建造物」欄の「明快で多様な妻面」「大きな規模」「急勾配の切妻造り」「茅葺き屋根の質感」、「植栽」欄の「独立樹・家屋に添うように」「イチイの低い生垣」などの要素が含まれていると考えられる。また、「価値を阻害する景観要素」としては、写真5－2、5－3、5－4のようなものが示された。写真5－2、5－3は、表5－1「その他」の欄の「合掌を真似たデザイン」に該当し、写真5－4は、「水路」の欄の「違和感のある素材」に該当する。写真5－4の「違和感」は、一見わかりにくいと思われる。コンクリートと形のそろった玉石という水路の素材が、「伝統的な」空石積みのもの――不揃いの石のみで積まれたもの――と比べて、違和感があるという指摘なのである。

報告会の後半では、別の報告者が、これまで荻町地区で景観をより良くするために行なわれてきた修景行為の問題点について指摘した。荻町地区に限らず、日本の伝建地区は「伝統的建造物を単に模倣した緊張感のない建築が「修景」の名のもとに建てられ、「造られた町」の印象を感じさせ

表 5-1　白川村荻町伝統的建造物群保存地区の価値となる景観要素・価値を阻害する景観要素

	価値となる景観要素	価値を阻害する景観要素
建造物	川と平行に群をなす	群の向きに逆らう
	明快で多様な妻面	妻面を隠す増築
	大きな規模	異和感のある色・材料
	急勾配の切妻造り	
	茅葺き屋根の質感	
	附属建物	
	非合掌造り伝統的建造物	
農地	小規模で不整形	休耕田
	ハサなど季節のすがた	農地の埋立て
屋敷地	十分な間隔を保つ	建てづまり
	開放的	
道路・舗装地	旧国道（100 年の歴史）	道路の拡幅
	村道（江戸時代の形）	昔はなかった舗装材
	伝統的な石敷き	新しい石敷き
水路	縦横無尽に走る水路	違和感のある素材
	入り組んだ流れ	水面を隠す
	きれいで豊かな水	
池	生活に密着した池	コンクリートの縁
		庭園風
石垣	空石積み	モルタル目地の石積み
	水平なラインの重なり	大面積の石積み
植栽	独立樹・家屋に添うように	大面積の外来種草花
	果樹	プラスチックのコンテナ
	イチイの低い生垣	
その他	雪囲い（伝統的な素材）	雪囲い（波板トタンなど）
	洗濯物	人工的な曲線のデザイン
	庄川	全国メーカーの看板
	山	大きすぎる看板
	雪	看板の林立
	靄（もや）	自動販売機などの光
		多すぎる車
		合掌を真似たデザイン

注：松井（2000）より著者作成。

る景観を生ずるようになっている」（斎藤　二〇〇〇：九四）という。そして、遺跡保存のための修復の基本となってきたヴェニス（ヴェネツィア）憲章（正式名称は「記念建造物および遺跡の保全と修復のための国際憲章」。一九六四年にヴェネツィアで開催された第二回歴史記念建造物関係建築家技術者国際会議において採択された）の以下の条文を引き合いに出しながら、説明が行なわれた。

写真 5-1　価値となる景観要素（2005 年 8 月 29 日、著者撮影）

写真 5-2　価値を阻害する景観要素（表 5-1「その他」の「合掌を真似たデザイン」に該当）とされるもの（2005 年 8 月 29 日、著者撮影）

写真 5-3　価値を阻害する景観要素（表 5-1「その他」の「合掌を真似たデザイン」に該当）とされるもの（2003 年 2 月 22 日、著者撮影）

写真 5-4　価値を阻害する景観要素（表 5-1「水路」の「違和感のある素材」に該当）とされるもの（2005 年 8 月 30 日、著者撮影）

ヴェニス憲章

第六条

記念建造物の保全とは、その建物と釣合いのとれている建築的環境を保存することである。伝統的な建築的環境が残っている場合は、それを保存すべきである。マッス（量塊）や色彩の関係を変えてしまうような新しい構築、破壊、改造は許されない。

第一二条
欠損部分の補修は、それが全体と調和して一体となるように行わなければならないが、同時に、オリジナルな部分と区別できるようにしなければならない。これは、修復が芸術的または歴史的証跡を誤り伝えることのないようにするためである。

第一三条
付加物は、それらが建物の興味深い部分、伝統的な建築的環境、建物の構成上の釣合い、周辺との関係などを損なわないことが明白な場合に限って認められる。

報告者は、これらの条文から、日本の伝建地区でも「全体の調和」と「オリジナルな部分との区別」の相反する二つの命題を同時に解決しなければならないと述べた。つまり、伝統的な建築のオーセンティシティ（真正性）が重要だから、それと紛らわしいものを建ててはならないということらしい。さらに報告者は、現代の建築は現代のオーセンティシティを有しなければならないと主張していた。ただし、それは「全体の調和」を乱してはいけない。したがって、「景観に合い、現代のオーセンティシティを有する優れたデザイン」の建築物ならばいいということだった。そういう基準から見れば、これまで荻町地区でつくられてきた建築物の多くが、「景観に合わない」ものになるという。また、表5－1には、「合掌を真似たデザイン」とだけしか書いていないが、報告会では、新しい合掌造りを建てるのも良くないと話していた。それもまた現代のオーセンティシティを有していないからである。

調査報告会の意義

この調査報告会の意義を改めて考えてみると、それは何といっても「白川郷」の「価値」を具体的かつ厳密に吟味して見せたところだといえる。換言すれば、世界遺産「白川郷」の何を保存し、何を捨てるべきなのかを明言したということである。「白川郷」では、これまでこのようなことが試みられたことはなかったたし、日本の他の重伝建地区の調査でもおそらく行なわれたことはないのではないかと思われる。この背景には、荻町地区の人びとに景観の『価値』を啓蒙しようという意志の存在が見受けられる(3)。また、重伝建地区を分析する際にヴェニス憲章などのグローバル・スタンダードを持ち込んでいるという点も重要だと思われる。「白川郷」が単なる重伝建地区の一つではなく世界遺産であるがゆえに、このような分析が有効かつ必然であるかのような印象を与えていると感じられた。

実際、この報告は荻町地区の人びとに少なからぬ衝撃を与えたようである。とりわけ「合掌を真似たデザイン」の建築物をはじめとして、これまで修景行為として行なってきたものが「価値を阻害する景観要素」として次々と槍玉にあがったことに対する反響が大きかった。すなわち、これまで「景観の「改善」」として積み上げてきた行為が、「景観の「悪化」」に繋がっていると指摘されたことに、荻町地区の人びとは驚き、戸惑い、そして怒りを表明したのである。その声をいくつか拾って紹介したい。

報告に対する荻町地区の人びとの反応

次に示す資料1は、報告会の質疑応答の時間に荻町地区の人びとから出た質問や意見などを書き出したものである。ただし、これらはすべて録音したものではなく、著者のメモによる。よって、一字一句違わないものではないことをお断わりしておきたい。

資料1　調査報告会における荻町地区の人々の声

A：住んでいる人間としていわせていただければ、何でも合掌はだめだということですが、単に合掌を真似てつくったんじゃないと思う。雪下ろしができないとかいう（理由もあると思う）。それでもダメでしょうか。

報告者：放水銃のデザイン（写真5－3）は真似てるし、雪下ろしなら他のデザインでもいい。合掌にしたらいいと安易に思える。他が全部合掌チックになったら、ホンモノが目立たなくなる。本当にここの特色は何かと考えると、なるべく似たデザインを避けた方がいい。

B：真似ると調和するは違うんですか。

報告者：安易に調和するには真似た方がいいんです。でも、オリジナルを見せる。〔これが〕難しい。

C：初めて聡明な「伝建審」委員さんの話を聞いたんですが、個人で考えるとストレスがたまる生活になっておるんですよ。昭和五十年に「伝建審」ができて、二十何年できた公共物も悪玉としてあがってきている。なんで当初アドヴァイスしてもらえなかったもんかな。世界遺産を守っていくには、ちょっとやそっとの頭、技術ではだめだな。世界遺産になっても何ら変わりませんといわれてきた。でも今指摘されて、今までは何だったのか。今日この場は大切にしなければならないけど、どうして世界遺産になる前にやってくれなかったのか。

D：これだから白川村はだめ。みんながいいたいこと今ならここ〔胸を手のひらで叩く仕草〕に溜まっているから、この後一席設ければみんないうのに。後日また改めて集めてもまた何もいわないから結局何も変わらない。これだから白川村はだめなんよ。

先生たちはここは雪が降るってわかってるんやろうか。私たちは原住民なんよ。

Aさん、Bさんの意見および質問は、これまで修景として行なってきた合掌造りに似せた建築物や工作物（例えば、写真5-2、5-3のようなもの）が「価値を阻害する景観要素」とされ、「「合掌造り」とは違うデザインで、周囲と調和のとれたものにすべきだ」といわれたことに関するものである。参考までに、それぞれに対する報告者の回答も併記した。ここでの回答で、報告者が「合掌を真似たデザイン」のものをつくってはいけない理由を、真似たものをつくると「ホンモノ」や「オリジナル」が目立たなくなるからだと述べているが、これは報告会のなかでヴェニス憲章などを用いて説明したことの繰り返しである。そしてこれが、先述した一九九四年に行なわれた「白川村荻町伝統的建造物群保存地区保存計画」の改訂で、「ただし、かってあった家屋を科学的根拠に基づいて復原するもの以外は、合掌造り家屋に似せたものを造ることはできない」という文章が加筆された理由の一つだと考えられる。しかし、ここでのAさん、Bさんをはじめとする荻町地区の人びとの反応から、先の「白川村荻町伝統的建造物群保存地区保存計画」の改訂内容が、荻町地区の人びととの間で周知されていないことがわかる。それはすなわち、この改訂が荻町地区の大部分の人の了解なしに行なわれた可能性があることを示唆している。ただ、そうではあっても、すでに明文化されたものであるため、今後はこれが従うべき基準となっていくことが予想される。

Cさんの発言は、「伝建審」のようないわゆる行政側の一貫性のなさ――あるいは実質的な発言力の欠如(4)――と世界遺産後の変化を指摘していて非常に興味深い。なお、「聡明な「伝建審」委員さん」とは報告者の一人のことである。

Dさんのものは、この報告会終了後、私個人に話してくれた言葉である。この言葉の背景には、報告時間（一時間半程度）に対して質疑応答の時間（三十分弱）が短く、ほとんどの人が発言できなかったということがある。また、Dさんが自宅前で使用している、周囲をコンクリートで固めた水路が、「価値を阻害する景観要素」としてスライドで紹介されたことも無関係ではないと考えられる。しかし、それゆえに、この発言には当事者としての率直な思いが反映されていて、胸を打つ。

以上、報告会の際に聞くことができた荻町地区の人びとの声を見てきたが、これらからは、荻町地区の人びとが報告の内容に対して抱いた生活者としての戸惑いや憤りを感じ取ることができる。したがって、研究者による本報告に荻町地区の人びとすべてが納得したとは到底思えないし、逆にこれを契機に吹き出したかに見える不満がその後解消されたわけでもない。つまり、Dさんの「結局何も変わらない」という指摘通りの結果に終わったといえる。しかし、この調査・研究に基づいて作成された報告書（松井・山田　二〇〇一）は、その後「守る会」委員会における現状変更行為許可申請の審議の際に、参考文献として用いられるようになり、審議内容の厳密化に一役買っている。そういう意味では、変わるには変わったが、それはおそらくDさんが望んでいたのとは違う方向への変化だったといえるだろう。

四　説明されない価値基準の変化

荻町地区の人びとは、「守る会」創設（一九七一年）以来、景観の「改善」や「保全」に腐心してきた。「守る会」委員会における現状変更行為許可申請の審議で「景観」という言葉が多用されるのはその証左である。そして「守る会」委員会の審議過程において長い時間をかけて醸成され、荻町地区の人びとによって共有されてきた「良い景観」のイメージがある。しかし、先の報告会で示された景観の善し悪しは、荻町地区の人びとが積み上げてきたものとは明らかに価値基準が異なっていたといえる。その違いは一体どこから来るのだろうか。一つは、先述したように、ヴェニス憲章のようなグローバル・スタンダードを持ち込んでいるところだが、他にもある。

報告者の一人であった黒田乃生は、その後も「白川郷」に関する研究成果を発表しているが、その内容は、調査報告会の内容と同様、従来の「白川郷」における景観保全のあり方を批判的に検討するものである。

荻町は観光地として大きく変化したと同時に「合掌造りの建物」を差別化することで、他の文化的景観を構成している要素と合掌造りの建物との関係を破壊してしまったともいえる。合掌造りの建物は「観光」という側面から今度は新たに、観光に必要な駐車場などの要素と関係を結びはじめた。そして、まなざしの向かわない他の要素に関してはその関係は断ち切られたままであり、田、畑、森林、川などのかつての「生きた景観」の証は急速にその本来的な意味および存在を失っている。保全がもたらしたものは、観光業を成立させるための「景観」、観光資源としての「景観」の生成であるともいえる。（黒田　二〇〇三：一二〇―一二一）

要するに、黒田は「白川郷」の観光地化による「景観破壊」を指摘し、その要因を、合掌造りの保存と観光資源としての活用重視で行なわれてきた、従来の景観保全のあり方にみているわけである。しかし、本書でこれまで見てきたように、荻町地区の合掌造りの保存と観光資源としての活用は、ほぼ重伝建地区の保全として行なわれてきたものである。それはつまり、文化財保護法という法律に則って行なわれてきたものだといえる。ではなぜ批判されてしまうのか。その理由は、黒田が価値基準として用いているのは、「文化的景観」という比較的新しい分析視角であり、伝統的建造物群中心の基準とは違うものだからだと考えられる。

文化的景観と世界遺産

文化的景観とは、人間と自然との相互作用によって生み出された景観を指す。世界遺産条約では、一九九二年の第一六回世界遺産委員会（サンタフェ開催）でこのカテゴリーを導入することが決まり、「世界遺産条約履行のための作業指針」のなかに盛り込まれた。この背景には、「自然と人間との相互作用の結果生成された景観、いわば従来の自然遺産と文化遺産との中間的なものとして、多様な遺産が多数存在するのではないかとの認識のひろがりがあった」（本中　一九九五：二二）という。自然遺産と文化遺産の登録件数の差異を埋めるという目的もあった。自然遺産に比べて文化遺産の登録件数が三倍以上と圧倒的に多かったのである。文化的景観として登録された初期のものとしては、ニュージーランドの「トンガリロ国立公園」（一九九三年）、オーストラリアの「ウルル＝カタ・ジュタ国立公園」（一九九四年）、フィリピンの「コルディリェーラの棚田群」（一九九五年）などがある。

しかし、世界遺産リストの問題点はそれだけではなかった。一九八〇年代半ばからイコモスによって行なわれた総合的研究（Global Study）の過程で、世界遺産リストには地理的、時代的、テーマ的不均衡があることが認識されていたのである（UNESCO Headquarters　一九九四）。それはユネスコとイコモスが共同で組織した「代表性のある世界遺産一覧表のための「グローバル・ストラテジー」及びテーマ別研究に関する専門家会議」（一九九四年六月二十日から二十二日にかけてパリのユネスコ本部で開催された）に引き継がれ、その会議の報告書の内容は同年十二月第一八回世界遺産委員会（プーケット開催）において採択された（UNESCO Headquarters　一九九四：UNESCO WHC online:globalstrategy）。ここから「世界遺産一覧表における不均衡の是正及び代表性、信頼性確保のためのグローバル・ストラテジー」（以下、「グローバル・ストラテジー」）がはじまったのである。[5]報告書では、不均衡を解消し、世界遺産リストの代表性および信頼性を確保していくためにいくつかの勧告を行なっているが、そのなかで、当面比較研究が進みつつある遺産として、産業遺産・文化的景観・二十世紀の建築の三つが示された（UNESCO Headquarters 一九九四）。

一九九二年に世界遺産条約の締約国となった日本は、最初こそ従来のリストと同種の遺産の登録を進めたが、まもなく「グローバル・ストラテジー」に対応した遺産の登録を目指さざるを得なくなる。「紀伊山地の霊場と参詣道」（二〇〇四年）や「石見銀山遺跡とその文化的景観」（二〇〇七年）が文化的景観として登録されたのはそのためである。

「白川郷」と文化的景観

では、「白川郷」は文化的景観として世界遺産に登録されたのであろうか。答えは否である。先述したように、日本の文化遺産で文化的景観として登録されたのは「紀伊山地の霊場と参詣道」（二〇〇四年）が最初である。このことについて黒田は「白川郷は広い意味では文化的景観だが、世界遺産の「文化的景観」として登録されたわけではない。〔中略〕しかし、白川郷は文化的景観の概念を導入する流れにのって登録されたことは間違いない」（黒田 二〇〇七：一二）と述べている。確かに「白川郷」の世界遺産登録に際してユネスコに提出された推薦書には、「水田や畑などの集落の構成要素や周辺の環境」のことを「文化的景観と自然環境」と表現している箇所がある。それを担保する法的根拠が「白川村自然環境の確保に関する条例」（一九九二年および一九九四年改正。「歴史的文化的景観保護地区」を含む）であり、「平村自然環境と文化的景観の保存に関する条例」

（一九九四年制定）や「上平村自然環境と文化的景観の保存に関する条例」（一九九四年制定）である。しかしながら、それらはあくまでも緩衝地帯を保障するためのものでしかない。それをある種の既成事実として、「白川郷」に文化的景観として保全していくという方向性を付与したのは、それこそ間違いなく黒田らだといえるだろう。その結果、従来の伝統的建造物群中心の保全が否定的に捉えられるようになり、田畑や森林、川などとの一体的な景観保全が指向されるようになったのである。

ただし、研究者が新しい視点を導入することはままあることである。問題は、そうした視点が、詳しい説明もないまま、文化遺産の担い手の了解を得ぬまま、保全の現場に持ち込まれたことではないだろうか。前節で紹介した「白川郷」の人びとの反応がそれを物語っている。

五　景観保全と暮らし

景観保全の「仕切り直し」

世界遺産になって「白川郷」は変わったと多くの人が言う。その際、本章の冒頭で述べたように、「景観の「悪化」」という側面が強調されがちである。そして、いかにしてそれを防ぐかが緊急課題のような捉え方がされる。しかし、それとセットで語られているかのように聞こえる「景観の「改善」」ための方策は、「防ぐ」というレベルでも、世界遺産になる直前に戻すというのでもないことがままある。「景観の「改善」」のためには、もっとずっと以前の姿に近づくようにしなければならないらしい。かくして世界遺産に登録される前からあったものでも、「景観の「悪化」」を招いたものとして槍玉にあげられるような事態が生じている。このようにして要求されているのは、いわば荻町地区の保全方法の「仕切り直し」である。そして、実際にそれを受けて、「景観の「改善」」のために、電線の地下埋設や、アスファルトの色を土の道に近づけようとする試みなどが、かなりの費用をかけて行なわれているのは、第三章で見たとおりである。

つまり、世界遺産登録後の「白川郷」の景観は、「悪化」の方向にしろ、「改善」の方向にしろ、両方が相俟って急激な変貌を遂げているのである。ただ、いずれにしても重要なのは、両方とも「白川郷」に暮らす人びとの生活と密接に関係しているということだと思われる。

生活者視点の回復に向けて

「白川郷」の人びとは、強められていく規制と自らの生活上の利便性などの間で折り合いをつけながら、実践のなかで一つ一つ判断して現状変更行為を行なっている。世界遺産の保全とはそういう行為の積み重ねだといえる。しかしまだ荻町地区の人びとに裁量として残されている部分があることが重要である。第三章で述べたように、現状変更行為許可申請の審議の実質的な決定権は、未だに住民組織である「守る会」にある。もちろん、本章で見てきたような、世界遺産登録後の規制強化の流れから、荻町地区の人びとがその「主体性」を発揮する度合いは狭まっている。約四十年前に自ら合掌造りを保存して「食べていくために」活用しようと決めた際に彼らが有していたであろう「主体性」と、現在のそれには格段の差があることは誰の目にも明らかだと思われる。ただ、それはまだ残されているのである。

ちなみに、二〇〇二年の荻町地区の大寄合では、次のような話が出たそうである。

当時の「守る会」会長が「荻町地区はもう世界遺産を守らなければならないように決まっている」と発言したところ、ある人がこう反論したという。「みんなが幸せに生きていけるなら、合掌造りなんてなくなってもええと思っとるんや。観光客もこんでもええ」。

この言葉は字義通りに受け止めるべきものではないだろう。合掌造りも観光客も、今の荻町地区にとって必要不可欠なことは、荻町地区の誰もがわかっていることだからである。したがって、この発言は、現状への異議申し立てだと考えた方がいい。ただ、私はこの発言を伝聞で聞いた時、一筋の光明のようなものを見た思いがした。この異議申し立ては、重伝建地区であろうと、世界遺産であろうと、それを守るか守らないか、あるいはどう守っていくのかを決めるのは、他でもない、荻町地区に暮らす自分たち自身なのだということの再確認だとも受け取られるからである。また、このような発言があったことを私に教えてくれた方は、荻町地区の多くの人が、世界遺産登録後、住民間の軋轢が広がっていることに懸念を抱いているという文脈のなかでこれを話していた。つまり、この発言が示しているのは、地域社会には「自浄作用」のようなものがあるということである。すなわち、行き過ぎた文化遺産保全にも、観光地化にも、またそれらによって崩壊しそうな人間関係にも、自らブレーキをかけることができるということを示しているのではないだろうか(6)。

生活を犠牲にした上での文化遺産の保全と、文化遺産の保全をないがしろにした上での観光地化の二つの極を白と黒に例えるとしたら、荻町地区の人びとは皆グレーゾーンに立っているといえる。おそらく誰もがどちらかの極に振れすぎることをよしとはしていない。しかし、「世界遺産」という大きな波は、その振れ幅を増大させ、これまでの均衡を危うくさせている。世界遺産登録後の変化で最も深刻なのは、実はこの「均衡の崩壊の危機」ではないだろうか。生活者の視点を欠いた方策では、おそらくそれを乗り切ることはできないだろう。

第六章　文化遺産のオーセンティシティはどこにあるのか
――民家の移築保存と現地保存をめぐって

一　文化遺産の現地保存主義と民家の移築

文化遺産の保存と活用の原則の一つとして、現地保存・現地公開という「現地保存主義」がある。第五章でも出てきた歴史的建造物の保存および修復に関する国際憲章であるヴェニス憲章（一九六四年）においても、第七条で次のように述べられている。

記念建造物は、それが証拠となっている歴史的事実や、それが建てられた建築的環境から切り離すことができない。記念建造物の全体や一部分を移築することは、その建造物の保護のためにどうしても必要な場合、あるいは、きわめて重要な国家的、国際的利害が移築を正当化する場合にのみ許される。

この条文の背景には、当時ユネスコを中心に国際的な遺跡保存キャンペーンが展開されていた、エジプトのヌビア遺跡の問題があったと考えられる。アスワン・ハイダム建設によって水没の危機にあったヌビア遺跡のアブシンベル神殿などを、各国からの寄付金によって移築しようとしていたのである（河野　一九九五）。

一方、ヴェニス憲章が作成された頃、歴史的建造物群を周囲の環境と一体的に保存するいわゆる「町並み保存」に関する法整備も各国で同時代的に進んでいた。フランスではマルロー法（一九六二年）が、イギリスではシヴィック・アメニティーズ法（一九六七年）が制定され、日本でも古都保存法（一九六六年）が制定された後、文化財保護法のなかに伝統的建造物群保存地区制度（一九七五年）が設けられた。こうして歴史的建造物は、一点一点の建造物のみならず、周りの歴史的環境も含めて、面的に現地で保存・公開することがスタンダードになっていった。

なお、このヴェニス憲章をより現代的な問題に即して再構築・拡大し、文化遺産のオーセンティシティ（真正性）の概念を再定義してみせた「オーセンティシティに関する奈良ドキュメント」（一九九四年）においても、オーセンティシティの評価にとって重要な要素の一つとして、「立地と環境」があげられている。

私自身、基本的には文化遺産の現地保存主義に賛同している。ただし、現地保存だけで十分かどうか判断が難しい事例もあるように思う。その事例の一つが本章で取り上げる「移築された民家」

である。厳密にいえば、民家と付随する民具などを収集して移築し、公開する収集移築型野外博物館（以下、移築型野外博物館）を指している(1)。

移築型野外博物館の歴史は、一八九一年に創設されたスウェーデンのスカンセンからはじまった。スカンセンを創ったアルトゥール・ハセリウスは、十九世紀後半のスウェーデンにおいて、工業化が進み、自然環境や生活文化の多様性が失われることを憂え、一九七二年から古い衣装や家具、装飾品、民間伝承などを収集しはじめた（アレクサンダー　二〇〇二）。それはやがて北方博物館という民俗博物館の建設に繋がるのだが、スカンセンはこの北方博物館の野外部門として造られたのである。

スカンセンでは、約三十ヘクタールの敷地に、十八世紀から二十世紀半ばにかけてスウェーデン国内で造られた民家を中心とした建造物を一六〇棟以上（二〇一七年現在）移築し、建築または移築当時の生活を生き生きと再現してみせるためのさまざまな工夫を凝らした展示を行なっている。こうした展示手法は「生活復元」「リビングヒストリー」とよばれるもので、スカンセンではじまり、ヨーロッパ各地のみならず、アメリカの野外博物館にも伝播した（杉本　二〇〇二）。

スカンセンの創設は一八九一年であり、文化遺産の現地保存主義が一般化する前のものではある。しかしながら、移築型野外博物館の建設は、現地保存主義が一般化した後も、現地における建造物群の保存と並行して行なわれ続けている。

日本においても、移築型野外博物館の歴史は、都市化や工業化による環境の変化と密接な関係がある。日本で最初の移築型野外博物館といわれる日本民家集落博物館が造られた一九五六年頃、まさに民家はその環境ともども失われようとしていたのである。しかし、第二章で述べたように、一部の民家は新たな価値づけを得ることによって生き延びた。一つは文化遺産としての価値であり、もう一つは商品としての価値である。また両者は観光資源としても価値づけられた。こうした状況を本書では「民家の資源化」と捉えて考察してきた。民家の資源化は、民家の移築を促進する要因になったが、一方で、民家の現地保存を進める原動力ともなった。

白川村の合掌造りもまた、重伝建地区として荻町地区が現地保存される前は、白川村内外への移築が盛んに行なわれていた。本章では、白川村の合掌造りが移築された経緯とその後を追いながら、民家の移築保存と現地保存について考えをめぐらせてみたい。

二　村外に移築された合掌造りのその後

一九五〇年代から六〇年代にかけて白川村の合掌造りは激減した（第二章図2-1）が、その主たる要因は、①電源開発による水没や移築、②合掌造りの商品化による売買、③維持管理の難しさによる非合掌造りへの改築・新築、の三つだった。また、③は②の誘因ともなった。

一九五〇年代半ば以降、白川村から村外に移築された合掌造り主屋（以下、合掌造り）は、「守る会」が把握しているだけで三五棟あった（白川郷荻町集落の自然環境を守る会　一九九一）。それに私が聞取り調査で得た三七棟の情報を加えると、少なくとも三七棟の合掌造りが村外移築されている（表6-1）。移築先は、北は関東から南は九州まで、広範囲に及んでいることがわかる。村外移築後の用途については、移築後に変わったり、転売されたりしたものもあるので、ここでは基本的に移築直後のものを書いている。これを見ると、村外移築された合掌造りの半数近くが食事処（料亭・割烹・そば処、喫茶店を含む）として使用されていたことがわかる。東京に移築され、料亭として使われていた合掌造りの店名が「ふるさと」であったことからもわかるように、人びとの郷愁を誘う、いわば「民芸調」の建造物として使われていたようである。食事処の次に多いのが野外展示物として使用である。このなかには移築型野外博物館のみならず、商業目的が強い施設も含まれている。移築された年は、最初のものが一九五六年であり、最後のものが一九八一年である。日本全体で一九五〇年代後半から一九七〇年代にかけて「民芸ブーム」と呼ばれる現象が起こったといわれており（濱田　二〇〇七）、合掌造りもまたそうした「日本の伝統文化を手軽に消費し楽しむ」（濱田　二〇〇七：二七）という流れのなかで商品として扱われたということだろう。初期の移築合掌造りは、「民芸調（民芸風）」商業建築のはしりとして民芸ブームを牽引した可能性もある（濱田　二〇一〇）。これらは現在どうなっているのだろうか。

私が調査した範囲では、村外に移築された三七棟のうち、現時点で所在を確認できるのは一三棟だけだった。七棟は食事処、六棟は野外博物館（的施設）である。食事処の七棟のうち、三棟は再移築（転売もしくは寄贈）されたものであり、一棟は現地に残っているものの営業はしていない。

村外に移築された合掌造り

移築後の用途	備考
東山植物園（野外展示）	
料亭	2と3は移築後1軒の建物になった
日本民家集落博物館（野外展示）	
あやめ池遊園地で開催された朝日新聞主催「楽しい“生活と住宅”博覧会」の際に移築後、そのまま野外展示	焼失
割烹	1992年に東京都調布市に再移築
観光料亭・展示	川崎市多摩区の日本民家園に再移築
有馬温泉（詳細不明）	
不明	
下呂温泉合掌村（野外展示）	
食事処（宴席・料理・喫茶）	
料理屋	
片山津温泉（詳細不明）	
住居として移築後、民芸館へ	
食事処	
不明	
尾張温泉（料亭）	
尾張温泉（料亭）	
天理大学付属天理参考館（野外展示）	2000年に白川村に返還
郷土館として使用後、食事処へ	2012年に白川村に返還
不明	
ホテル付属のレストラン	2002年に大分県大分郡湯布院町に再移築
下呂温泉合掌村（事務所兼土産物店）	
不明	
食事処等	
天下一家の会（研究所施設）	阿蘇市内に再移築（詳細は不明）
不明	
喫茶店	
飛騨の里（野外展示）	
不明	
そば処	
不明	
食事処	
不明	
食事処	
喫茶店	
不明	

著者作成。

表6-1

	所有者	移築元	移築年	移築先	移築請負業者
1	O.S.	大牧	1956	愛知県名古屋市千種区	
2	A.N.	大牧	1956	東京都目黒区	
3	T.N.	大牧	1956		
4	O.E.	大牧	1956	大阪府豊中市	
5	O.H.	尾神	1956	奈良県奈良市	小牧工務店（白川村）
6	N.K.	長瀬	1956	東京都新宿区	
7	Y.Y.	長瀬	1956	神奈川県川崎市小川町	
8	O.M.	保木脇	1956	兵庫県神戸市北区	
9	U.S.	荻町	1958	愛知県名古屋市	
10	O.T.	御母衣	1962	岐阜県下呂市	御母衣建設（白川村）
11	O.F.	大窪	1964	神奈川県小田原市	
12	N.K.	牛首	1964	岐阜県岐阜市	
13	N.Y.	芦倉	1965	石川県加賀市	
14	I.M.	馬狩	1966	静岡県下田市	宇田工務店（白川村）
15	H.T.	馬狩	1966	岐阜県岐阜市	岐阜市の業者
16	T.S.	稗田	1966	岐阜県郡上市（旧高鷲村）	
17	N.S.	荻町	1967	愛知県海部郡蟹江町	
18	K.T.	戸ヶ野	1967	愛知県海部郡蟹江町	
19	Y.F.	加須良	1967	天理大学付属　天理参考館	寺口工務店（白川村）
20	H.S.	芦倉	1967	岐阜県下呂市（旧金山町）	小池産業（高山市）
21	M.F.	荻町	1968	岐阜県大垣市	
22	O.O.	御母衣	1968	福岡県飯塚市	寺口工務店（白川村）
23	O.M.	飯島	1968	岐阜県下呂市	御母衣建設（白川村）
24	M.Y.	鳩谷	1969	滋賀県草津市	
25	N.T.	荻町	1970	愛知県新城市（旧鳳来町）	丸栄建設（白川村）
26	M.K.	飯島	1971	熊本県阿蘇市（旧阿蘇町）	寺口工務店（白川村）
27	I.M.	飯島	1971	岐阜県郡上市（旧高鷲村）	
28	Y.F.	馬狩	1971	岐阜県郡上市（旧高鷲村ひるがの）	
29	N.N.	加須良	1971	岐阜県高山市	
30	N.S.	加須良	1972	愛知県東加茂郡足助町	
31	M.O.	飯島	1973	愛媛県伊予市	寺口工務店（白川村）
32	M.N.	飯島	1973	静岡県	寺口工務店（白川村）
33	S.T.	有家ヶ原	1974	埼玉県入間郡越生町	
34	I.K.	飯島	1974	不明	
35	S.C.	鳩谷	1977	静岡県島田市	寺口工務店（白川村）
36	O.T.	戸ヶ野	1981	大阪市北区梅田、部材	
37	W.K.	戸ヶ野	1981	大阪市北区梅田、部材	

注1：白川郷荻町集落の自然環境を守る会（1991）、水口・富山（1988）、聞取り調査よ

残りの二四棟のうち、一一棟は焼失や解体で姿を消しているが、うち二棟は解体後白川村に返ってきている。一三棟については、所在を確認できなかった。

合掌造りの村外移築に関する研究としては、水口恵と富山博のものがある（水口・富山 一九九八）が、移築当時の白川村の状況や具体的な移築の経緯を明らかにしたものではない。したがって本章では、私が現地で合掌造りを確認し、移築の詳細を調査したものについて、いくつか紹介したい。なお、便宜上、移築型野外博物館（的施設）とそれ以外のものに分けて記述する。

移築型野外博物館で往時を生きる合掌造り

先述したように、村外に移築されて現存する合掌造り一三棟のうち、六棟が野外博物館（的施設）にある。そのうちの五棟は、東山動植物園（愛知県名古屋市）、日本民家集落博物館（大阪府豊中市）、川崎市立日本民家園（神奈川県川崎市）、下呂温泉合掌村（岐阜県下呂市）、飛騨民俗村（岐阜県高山市）にあり、東山動植物園以外はいずれも複数の民家が移築された移築型野外博物館（的施設）である。残りの一棟については、一個人の所有物であるため、「博物館以外に村外移築された合掌造り」の方で紹介する。

日本初の移築型野外博物館といわれる日本民家集落博物館が、ダムに沈む合掌造りの移築からはじまったことは、日本の移築型野外博物館史上、重要なことである。ちなみに、日本に移築型野外博物館の考え方が入ったのは、一九二〇年代後半から三〇年代で、渋沢敬三や今和次郎らがスカンセンなどを尋ねて感銘を受けたことが大きいといわれている（杉本　二〇〇二）。渋沢敬三は、移築型野外博物館建設の構想をもっており、一九三九年に開館した日本民族学会付属博物館には、移築した武蔵野の民家と今和次郎設計の絵馬堂が野外展示物として含まれていた。これは、当時渋沢敬三らが進めていた国立の「日本民族博物館」設立に向けて既成事実を積み上げるため、構想の一部を具現化したものだった（横浜市歴史博物館・神奈川大学日本常民文化研究所　二〇〇二）。一九三六年に文部大臣に提出された「皇紀二千六百年記念日本民族博物館設立建議案」中の「日本民族博物館屋外部設計俯瞰図」（今和次郎制作）を見ると、「飛騨白川村大家族農家」とイラスト入りで明記されており、移築民家の候補に白川村の合掌造りがあがっていたことがわかる（高橋　一九九二）。この構想は残念ながら実現しなかったが、それから十数年の時を経て、ようやく本格的な移築型野外博物館が造られたのである。以下、日本民家集落博物館が設立された経緯について見ていきたい[2]。

第二章第二節で述べたように、庄川で電源開発を行なっていた関西電力は、一九五六年に鳩谷ダムに沈む民家七三棟を買収した。関西電力は、そのなかで最も大きく、一八四二（天保一三）年に建設された大田家の寄贈を大阪府に申し入れた。大阪府下の具体的な受け入れ先としては複数の自治体などが名乗りをあげたが、最終的に豊中市（服部緑地）に決定した。しかし、豊中市への移築が決定した直後に、大田家は家族の意向で名古屋市（東山動植物園）に移築されることになり、豊中市には別の家（大井家）が移築されることになった。一九五六年六月から大阪府の技師が中心となって解体作業に入り、解体後は、建物のみならず、周囲の敷石や新しく葺き替える屋根の材料も含めて大型トラック六十台で三六〇キロメートルの行程を運んだ。八月上旬から復元作業がはじまり、八月二十日に完成した。この復元作業には白川村の人びとが人夫として雇われたという。ちなみに、移築費用は四八〇万円と見積もられていて、当初は関西電力が一五〇万円、大阪府が一八〇万円、豊中市が一五〇万円負担することになっていた。(3) 豊中市は一九五六年二月に飛彈白川村合掌造民家誘致発起人会を開催し、同年三月から寄付金を募り、最終的には予定額を超える一八〇万円を集めている。移築された旧大井家は、豊中市民俗館として一九五六年九月二十九日に一般公開され、十月六日に開館式が行なわれた。

ところが、大阪府が府営公園の再編と再整備を図るなかで、服部緑地の再整備が浮上した。一九五七年大阪府服部緑地総合計画策定委員会が設置され、同委員会の文化部会において、「日本各地の代表的な民家を生活用具と共に移築し、わが国に類例をみない「日本民家集落」を設置する」(日本民家集落博物館編　二〇〇六：二) 構想が持ち上がった。目指したものは「日本最初のスカンセン」であり、「東洋一の野外博物館」だった。

この構想実現のため、日本各地から民家を移築する費用を全面的に支援する組織として、関西の財界関係者が一九五八年五月に日本民家集落後援会を結成した。同年六月には財団法人日本民家集落が設立され、一九六〇年三月三十一日に廃館となった豊中市民俗館の設備運営が同法人に移管された。この時旧大井家の所有権も同法人に無償譲渡されている。そして、同年四月一日に日本民家集落博物館として登録された。なお、同法人の理事のなかには渋沢敬三もいた(在任期間は一九六

写真 6-1　日本民家集落博物館・園内図（2008年12月7日、著者撮影）

○年から一九六二年まで）。

日本民家集落博物館の現在の敷地面積は約三万六千平方メートルで、全国各地から民家その他の建造物が一二棟移築されている（写真6－1）。同博物館では、移築民家を「生きたもの」として保存および活用するため、民具の展示、季節毎の行事や企画展の実施、体験教室などが行なわれている。日中だけだが、いろりの火も焚いている。程度の差こそあれ、こうした展示は白川村の合掌造りが移築されている他の移築型野外博物館でも行なわれている。またそれが主にボランティア組織によって担われているという点も移築型野外博物館に共通して見られた。

いずれの施設も苦心しているのが茅葺き屋根の維持管理である。費用の問題もあるが、全国的な茅葺き職人の減少もその理由の一つである。白川村から移築した当初は、まだ日本各地にその土地の茅葺き民家が現存しており、そうした地元の茅葺き職人に合掌造りの修理などを依頼することができた。ところが、茅葺き民家が姿を消していくにつれて、茅葺き職人もいなくなり、身近に維持管理を頼むことができなくなってしまったのである。したがって、屋根の葺き替えの際には、移築元である白川村から人を呼ぶ機会が増えているようである(4)。

博物館以外に村外移築された合掌造り

ダム建設にともなって合掌造りが村外移築されたのを契機として、ダムとは関係ないところにも全国から合掌造りを買いに来るようになった。ここでは、以下の三つ事例から、当時の白川村の状況、移築の経緯、移築後の状態などの詳細を明らかにする。多少冗長な記述になるが、この内容自体が貴重な記録となると思われるため、お許しいただきたい。

事例①　村上合掌造り民芸館（静岡県下田市）――白川村馬狩旧I家（一九六六年移築。写真6－2）現館長の村上大介さんにお話を伺った。

移築したのは大介さんの父親の久吉さん（一九〇二―一九八二）である。「伊豆下田　村上合掌造り民芸館」という名称で入館料をとって公開しているが、もともとは久吉さんの隠居所として移築したものである。久吉さんは建築に興味があって、自分で考えた家を大工さんに建てさせたりしていたが、合掌造りを移築することになったのは、偶然の出来事だった。

飛騨を旅行した時たまたま知り合った大工さんに、解体して持って来られる家はないかという話をしたら、その大工さんが昔手直しした家がいい家だから、売る売らないは関係なしに見せてもらいに行こうということになった。その際、持ち主であるIさんの前で、この家を下田に持って行って隠居生活でもできたらいいなあといったら、自分たち家族三人が住めるような今風の家を建ててくれるのなら、この家をあげますといわれた。そこでその条件を呑み、合掌造りを譲り受け、その大工さんに移築してもらうことになった。この時便所の建物（合掌造り）も一緒に移築した。のちに仏壇も運んでいるが、これに関しては、最初は難色を示された。しかし、新しい住宅には大きな仏壇を置くところがなかったため、譲ってもらえることになった（著者注―馬狩地区出身の下山武久さんによれば、Iさんは結局馬狩には家を建てずに岐阜に移ったという）。旧I家はかなり大きな家で、村制作の観光用のパンフレット（「飛騨　白川郷」制作年不明）の表紙にもなっている[5]。

写真 6-2　村上合掌造り民芸館（2010 年 3 月 3 日、著者撮影）

移築する際は、同じ大工さんが仲間を連れて来てくれた。

大工さんが、再建できるように解体するのは大変な仕事だと話していたという。元の持ち主であるIさんも、近所の人を連れてきてくれて、全部で二十人くらいいた〔著者注―下山さんによれば、請け負ったのは白川村の宇田工務店だった。下山さんの父親も手伝いに行ったという〕。その他、下田で頼んで来てもらった人もいた。近くに以前使用していた飯場があったので、そこを利用して泊まってもらった。部材が雨に濡れないように、まず資材置き場を作るところからはじめた。資材は、四トントラックや六トントラックで六十台分くらい運んだ。周辺の道路は狭く、電線に当たったりする恐れもあったが、近くに住んでいた日通の所長さんが便宜を図ってくれて、東電などに交渉して、架線道路の電線にぶつかりそうなところは持ち上げてもらったりした。また、消防法の問題があるということで、副知事が見に来たが、周りに家もないし、ここだったら特別に許可しましょうということになった。移築には結構いろんな人の手を借りた。マヤ（馬屋）にいろりをつくった以外、間取りは変えていないが、妻面に対して左右対称に建てたらしい。

移築後、二回ほどIさんの家族が見に来てくれた。親族を連れて見に来た際には、家を見ながらみんなで思い出話をして、残してくれて（ありがとう）、と感謝していた。年賀状は毎年やり取りしている。

久吉さんが合掌造りを移築した動機は、何より機械も何も使わずに手作業でこの家をどういう風に造るかを見たかったからだが、実際に建ててみると、隠居所として住むには大きすぎることがわかった。したがって、建てたものの何にも使えずにいたわけだが、珍しい建物なので、見せてほしいと言って菓子折を持って来る人がいた。じゃあ菓子折を持ってこなくてもいいように、見学料でも取って見せるかということになった。一九七〇年からは大介さんが管理運営している。営業活動はほとんどしていないが、伊豆の観光ガイドブックにも載っていたりするので、それを見て来る人がいる。バブルの頃は団体客がバスで来たりしたこともあったが、現在は価値観が変わったのか外側だけ見て帰る人が九割だ。一日に五人も来ない。

屋根の葺き替えをやったことはない。二十何年前にトタンを被せた。建設会社に相談したりもしたけど、高額で方法もわからないようだったから、久吉さんに方法を考えてもらって、実際にトタンを被せる作業はほとんど大介さん一人で行なった。数ヵ月かかったが、正確には憶えていない。火を焚いていないと家はだめになるから、日中のみだが、毎日囲炉裏で火を焚いている。いろりの薪は自分で調達したり、知合いが持ってきてくれたりする。木の種類を選んだりはしていない。

大介さんは久吉さんにいわれたから管理しているが、子どもの代になると関心もないからどうなるかわからない。したがって、今後については絶望的だと思っている。使用しなくなったらブルーシートでもかけておくしかない。屋根の傷みなどがなければいいが、これだけの規模になったら中途半端じゃないから、移築した後が容易じゃない。持ってきたい一心で持ってきたけど、後の屋根の維持管理を考えていたら、俺は移築しなかった、と久吉さんもいっていた。

事例②　合掌庵（ドライブイン飛山内。岐阜県下呂市）――白川村芦倉旧H家（一九六七年移築。写

写真 6-3　合掌庵（ドライブイン飛山内）（2009 年 9 月 16 日、著者撮影）

真6－3）　店長の酒井雅人さんと創業当時からの職員だった南谷巽さんにお話を伺った。

一九六五年に国道四一号ができて、ドライブインというのは全国的に珍しいから作りましょうということになった。最初は「飛驒観光株式会社」という名前で作った。地元の商店街の十二、三人で、銀行からの借入金で作った。旧金山町も応援してくれた。ただ、「飛驒観光株式会社」というのは名前が良くないということで、知合いが「飛山」とつけてくれた。合掌造りを移築した経緯は、合掌造りが売りに出ているということを何かの会合で耳にしたのではないかと思う。芦倉に南谷さんも見に行った。ドライブインを作るにあたって、何か人を集めるものが必要だった。移築したのは一九六七年だった。移築を請け負ったのは高山市の小池産業で、現在もメンテナンスを依頼している。購入金額は不明だが、何千万かしたと思う。

移築後は、郷土館[6]という名前で展示施設として使用していた。合掌造りはこの辺にはないから当たった。当時はパンフレットの表紙にも使っていた[7]。しかし、二年後に下呂温泉合掌村ができて、客をとられた〔著者注―下呂温泉にはじめて合掌造りが移築され、飛騨郷土館として開館したのは一九六三年である。その後拡張され、一九六九年に下呂温泉合掌村と名称変更した〕。移築して五、六年は郷土館として営業していたが、下呂に客をとられてしまってから、食堂にした。でもそれもだめになったから、二十年くらい前に合掌造りの一階を宴会場に改装して、団体の予約制にした。その際に、トイレを付けたり、パントリーに改装したり、廊下を作ったりして、いろりなんかも被せてしまった。宴会場では観光客も受け付けているが、地元の法事のお客さんが中心である。他に学校や企業の歓送迎会や成人式などのパーティにも使ってもらっている。遠方から親戚を招いたりしているから、そういう人たちに好評を得ている。最近二組の結婚式もした。一組は新婦が地元の人で、新郎がフランス人だった。伝統的な結婚式をしたいといって申込みがあり、結果、非常に満足していた。宴会場にしてからは、二、三階の展示は公開していない。

維持管理については、屋根の葺き替えも修繕も高山市の小池産業に依頼している。葺き替えの際は茅が大量にいるので、二年くらいかけて集めてもらってから葺き替えてもらう。妻面が東西方向に建っているため、北側の屋根は七、八年、南側の屋根は十五、六年で葺き替えが必要になる。特に北側の屋根は草や苔が生えてすぐに傷んでしまう。雨漏りするとかではないが、合掌造りはこのドライブインの看板みたいなものだから頻繁に手入れしたいと思っている。しかし、費用が高いので大変である。葺き替えは片面で八〇〇万円くらいかかる。棟茅や差し茅は七、八年に一度している。以前風の強い台風の時に棟茅の部分が飛ばされたことがある。周辺の住宅にも被害が出ているところもあったため、この時は保険で直せた（旅行業者からいわれて保険に入っている）。また、消防法上の決まりで、火災報知器や煙探知機もつけている。その他の維持管理としては、週に二、三回は燻《いぶ》し焚き（虫除け、木の乾燥）のために薪ストーブを焚いて茅の内側に煙が行くようにしている。小池産業から「やらないと茅の寿命が短くなる」と聞いていたので、これは移築当初から続けている。このために合掌守の職員を一人つけている。下にあるレストランのスタッフだが、その人が週に何回か入ってストーブなどを焚いたりしている。外観的な手入れもなかなかできない。かつては造園に何百万かかけていたけど、今は自分たちで機械を使ってしている。

今後の活用方法としては、インターネットでPRできないかと考えている。旧金山町の商工会がサーバーを持っているので、優先的に作ってもらってはいるけど、他の会員の方もいるからなかなかうちばっかりというわけにもいかない。里山のスローなイメージでゆっくりお越しいただける時間を提供していかなければと思っている。地元の農産物を多く取り入れたり、銘々に釜飯を提供したりしている。また、合掌造りのなかで食事ができるというのも少ない。こうした情報をどうやって提供していけばいいのか。インターネットがいいと思うがなかなかできない。現在はドライブインをやめるのもやるのも厳しい状況である。合掌造りの維持は大変だけど、壊すのにもお金がかかるし、今は壊すとか手放すとかは考えていない。

事例③　仏法荘（旅館・雲龍荘内。愛知県新城市）——白川村荻町旧N家（一九七〇年移築。写真

6-4）現経営者の多和田憲孝さんにお話を伺った。

移築したのは憲孝さんの父親の全孝さん（一九一八―二〇一一）である。合掌造りは雲竜荘という旅館の敷地内に移築されている。雲竜荘は一九五〇年創業で、当初は寺（白柴山賢居院）の宿坊として営業しようとしていたが、最終的には寺と旅館を切り離して営業することになった。雲竜荘は本館や食事処も移築された建造物である。合掌造りは雲竜荘の開業二〇周年にあたる一九七〇年に移築された。民家の移築は全孝さんの道楽だったという。当初、お寺だけに、七道伽藍に見立てて七つの民家を移築するといっていたが、結果的には二棟のみとなった。「民芸調」が好みで、旅館も「民芸の宿」と称し、提供する料理も「山菜民芸料理」といっている。また、合掌造りの一階で食事を出す時、テーブル代わりに木臼《きうす》を使用していたこともある。

写真 6-4　仏法荘（旅館・雲龍荘内）（2010 年 2 月 25 日、著者撮影）

合掌造りを購入・移築することになったきっかけは偶然だった。不動産関係の知り合いにひるがの高原の別荘地が売りに出ているといわれ、一緒に見に行ったところ、全孝さんが思っていたような広さの土地ではなかった。そこで購入をやめ、ここまで来たついでにと白川村まで足を伸ばした。その際、N家が建て替えのため合掌を売ろうとしているという話を聞いて、その場で決めて手付け金まで払ってきた。ただし、この段階で何に使うかは決めていなかった。とりあえず移築してから考えようということだったらしい。当時、鳳来寺山に別のルート（有料道路）ができることが決まっていて、雲竜荘の前の表参道を通らなくても参拝できるようになるため、売りにするものが必要だった。そこで、観光客向けの食堂として使うことにした。

移築の際に合掌造りの解体・輸送・再建を請け負ったのは、白川村の丸栄建設だった。雪が降る前に解体して、雪が解けるのを待って輸送し、再建した。完成したのは一九七〇年五月だった。輸送は、夜に白川村を出発し、朝方に到着するというのを何度も繰り返し行なった。特に長尺の部材を運ぶのは大変だった。一九六八年まで豊橋鉄道田口線が走っていたが、それがなくなった後、線路だった部分が道路になった。それがなかったら、尺の長い部材は運べなかっただろう。雪や雨で部材についた煤が部分的にはがれてしまい、それは残念だった。再建は、軸部と屋根の棟上げまでは二週間くらい、さらに屋根葺きに一週間くらいかかった。白川村からバスで二十人ほどの人に来てもらって、泊まりがけで作業をしてもらった。屋根に使用した茅などの材料も白川村から運んできた。茅はトラック約六十杯分運んだが、不足していたのか、できあがったら契約より屋根の厚みが薄かった。費用は、三〇〇〇万円で購入したが、移築にはその十倍かかった。ただし、これには厨房などを造った改築費も入っている。玄関を妻側に増築し、マヤ（馬屋）を改築して茶室を設け、二階の天井を張っている以外はあまりいじっていない。役所で消防法上移築は認められないといわれたが、全孝さんが東山動植物園の合掌造りを引き合いに出して、あそこの合掌も壊すんだったらあきらめるといったら既存物として許可してもらうことができた。

移築後の使用方法は、もともと団体用の食事処（昼食）としていた。一日平均二〇〇人ほど入っており、多い時には二五〇人入ったこともあった。金融機関の招待旅行が多く、エージェントが入っていた。夏秋は個人客の申込みもあったが、日曜は団体でいっぱいの状態だった。団体客が減ったのは二〇〇〇年代になってからである。減った理由は、個人旅行の増加とテレビの旅番組の影響だと思われる。旅番組の旅行先としては温泉が多いが、ここには温泉はないし、近所の湯谷温泉も三十度程度のお湯しか出ていないからである。食事処以外の用途としては、茶室を設けているため、地元のお茶の先生や町の文化教室の初釜にも貸している。また、クラッシック四重奏のコンサートを開いたこともある。

移築後いちばん大変だったのは、維持管理である。移築後十五年ほど経った頃、北側の屋根に苔が生えたりして傷みが目立った。当時片側だけ葺き替えても一〇〇〇万かかるといわれたため、銅板を被せた。それまでは台風が来るたびに棟茅が飛ばされるから、その修理に白川村から来てもらっていた。そんなことが十五年で五回くらいあった。一回来てもらうと一〇〇万かかった。差し茅はしてもらったことはない。雨漏り防止のため、最初から棟茅の下にはビニールを敷いている。これはこちらから依頼したのではなく、白川村の人がしたものである。この辺の職人に屋根葺きをしてもらおうとしたら、できないと断わられた。その後、近隣の茅葺き職人自体いなくなった。銅板を被せてから維持管理に関する心配は減ったが、火事が怖いから、二階は禁煙にしているし、夏に家族連れのお客さんが花火をする際には合掌造りの近くではしないようにお願いしている。同じく火事が怖いからいろりの火は焚いていない。

今後については、現在はほとんど使っていないし、固定資産税や保険もかかるので、売却を考えている。部材なら扱っている業者もあるようだが、一軒まるごとというところはあまりないようである。中国の富裕層が日本の古民家に興味があるらしいから、そういう人たちが買ってくれないかとも思っている。

これらの事例から、一九七〇年前後の白川村で合掌造りが売りに出されることが決して珍しくなかった様子が窺い知れる。しかもその情報が白川村外部にまである程度伝わるような状態だったようである。第二章で紹介した「現金で三百万円積まれると、みんな売ってしまった」という私が白川村で聞いた話は誇張ではないことがわかる。また、鈴口茂さんは当時の様子を「全国から個人も会社も買いに来て、パニック状態になった」と表現していた(8)。

買い手の購入動機は、集客の目玉としてというのが多かったのだろうが、事例①や③のように、購入者のなかには合掌造りや民家に特別な思いがあった人もいたことがわかる。また、こうして合掌造りが商品として流通し、消費の対象となった背景には、民芸ブームのみならずディスカバージャパンにも見られるような日本回帰の風潮があったと考えられる。

移築にともなう作業（合掌造りの解体・輸送・現地での再建）は、事例②のように高山市の業者が請け負うということもあったが、私の聞取り調査によれば、その多くを白川村内の複数の建設会社や工務店が引き受けたようである。大型の建造物であるがゆえに、トラック数十台分もの部材を輸送しなければならなかったが、なかには一人で何十往復もしたという人もいた。これには移築先の道路事情も関係していたことがわかったが、そもそもこの輸送を可能にしたのは、電源開発工事のために作られた、あるいは電源開発の補償として作られた道路だった。また、当時村内に複数の建設会社や工務店があったのも、電源開発工事や道路工事のためだったのである。つまり、電源開発は、さまざまな形で合掌造りの減少と深く関わっていたといえる。なお、遠方への輸送には一部貨物列車も使用した。さらに、移築先での再建の際には、白川村の人びとが相当数現地に人夫として赴いたというのも興味深い話である。以上のように合掌造りの移築には多くの手間と人手を要するため、その費用はかなりのものだった。購入者の話から、それは購入価格の十倍に及ぶこともあったことがわかる。

移築後の改変の度合いは移築後の使用方法によって違うが、移築型野外博物館（的施設）と「白川郷」の中間くらいだといえる。移築後の最大の問題は、やはり維持管理である。維持管理の難しさは、白川村においても合掌造りが減少した要因の一つだったわけで、もともとノウハウを持たない村外所有者の苦労は並大抵のものではなかっただろう。移築時にはそこまで思い至らなかった購入者も多かったようである。さらに、現在は合掌造りによる集客効果が以前ほどは望めないことや、代替わりによって合掌造りに対する意識の違いが生じてきていることが維持を難しくしている。したがって、個人所有の村外合掌造りは今後も減っていくものと予想される。

実際、事例②のドライブイン飛山の合掌造りは、私が聞取り調査を行なった二年後の二〇一二年に白川村に寄贈された。図面を取り、解体して運んだのは白川村である（解体費・運送費は白川村負担）。当初、白川村は返還には応じない方針だった。二〇〇〇年に天理大学附属天理参考館に建てられていた合掌造り三棟（加須良地区旧山本家、旧上平村旧吉田家、加須良の合掌小屋）が寄贈されて返ってきている（中谷　二〇〇二）が、再利用されずにそのまま保管されており、これ以上の保管場所を確保できないと考えられていたからである。しかし、ドライブイン飛山の合掌造りはもとと国の緊急民家調査で重要文化財候補にあがっていた五棟の合掌造りのうちの一つだったため、受け入れることに決めた。今後の用途については決まっていない。ちなみに、天理大学から返還された合掌造りのうちの一棟（加須良地区旧山本家）の部材は、二〇一八年に飯島地区に開業したホテル（御宿結の庄）のエントランスに使用された。

以上、寄贈または売買によって白川村の合掌造りが村外に移築された経緯とその後について見てきた。移築された合掌造りは、その多くが村内でも規模の大きなものだった。白川村の人に移築された合掌造りの話を聞くと、しばしば「あそこの合掌は大きかった」「立派だった」「もったいないことをした」という答えが返ってきた。また、多くの村外移築に携わった鈴口茂さんは「移築で稼がせてもらって、その後ぱったりやめて保存運動をした。なんか申し訳ないような気がした」とも語っていた。

本書では一部しか紹介できなかったが、一つ一つの移築にはドラマがあった。それぞれが並々ならぬ思い入れや期待、多大な労力や費用をもって合掌造りを移築したのである。

三　村内に移築された合掌造り――移築型野外博物館を中心に

第二章第二節で述べたように、白川村の合掌造りは減少の一途を辿ってきた。ただし、村内を地区別に見ると、実は途中から増加している地区が一つだけある。その地区とはもちろん、保存運動が成功した荻町地区である。『白川郷荻町集落二〇年のあゆみ（伝建選定一五周年）』（白川郷荻町集落の自然環境を守る会　一九九一）によれば、一九七〇年から一九九一年までの間に二二棟の合掌造り（ただし、大部分が非主屋）が荻町地区内に移築されており、いくつかは食事処や土産物店のような商業施設に改装されている。

また、荻町地区への移築は、こうした単体のものばかりではない。荻町地区の中心部の庄川を挟んだ対岸（荻町字小呂）に、合掌造りを集めた移築型野外博物館が建設されたのである。きっかけは、一九六七年に加須良地区住民が集団離村したことだった。離村後に残された合掌造りは、売却され村外に移築される方向で話が進んでいたが、財団法人岐阜県開発公社の協力により、白川村が合掌造り主屋三棟を譲り受けた。一九六九年には、合掌造りの保存モデルとして、村立の移築型野外博物館である「白川郷合掌村」建設計画が立案され、工事が始まった。これもまた野谷村長や板谷さん、山本さんのリーダーシップの賜《たまもの》だった。約五万平方メートルの敷地に数年かけて、加須良・島・大窪・馬狩の各地区から九棟（主屋四棟、付属屋五棟）の合掌造りが移築された。総工費約一億円（岐阜県開発公社委託事業費約七千万円、白川村単独事業費約三千万円）をかけた工事は一九七二年に終了し、同年六月一日に村立「白川郷合掌村」として営業が開始された。この白川郷合掌村は、電線の地下埋設などを行ない、できるだけ「昔の姿」に復元・保存したものであり、建造物の周囲も村に自生する木々を移植したり、自然景観を主体として造成したりしていた。また、建造物内部では、民具などの民俗資料の展示、むしろ織や養蚕の実演など、「生きた民俗村」として見せるための工夫が施されていた（白川村役場総務課編　一九七二）。荻町地区の保存運動が上手くいかなかった場合、この野外博物館だけが合掌造り集落の姿を留めるものになることも想定していたようである。

一九八二年には財団法人白川村緑地資源開発公社が設立され、白川郷合掌村の運営は白川村から同財団へ移行した。そして一九八二年から二年間、総工費二億円あまりをかけた農村地域定住促進対策事業によって、「生活の息づく民俗村」の計画に沿った再整備が行なわれた（白川村史編さん委員会編　一九九八b）。これには、白川郷合掌村を単なる保存事業から脱却させ、就業機会の場として拡充するという目的があった。事業が完成した一九八三年八月、白川郷合掌村は名称を「白川郷合掌の里」に改めて再オープンした。施設内の合掌造りは二五棟に増え、芸能堂・唐臼小屋・邑主の家・茶室・古民具展示の館・木工の館・炭焼き小屋・陶芸の館・細工工芸の館などとし、建造物それぞれに特徴を持たせた。建造物の周囲もユイの広場・さえずりの森・どんぐりの森などとして整備した。田畑もある。こうして白川郷合掌村は、「合掌造りの保存と地域の古い民俗と歴史の伝承の場」（白川村史編さん委員会編　一九九八b：五三〇）、「生活の息づく合掌の里」（同上：五三一）として拡充されたのである。さらに、一九八八年には集出荷処理加工施設が造られ、白川郷合掌の里の合掌造りの数は二六棟になった。また、一九九〇年には岐阜市から木曾馬が贈られ、施設内で飼育することになった。かつて白川村でも木曾馬が農耕に用いられていたことから、かねてよりその飼育が望まれていたのである。さらに、旧国土庁の「リフレッシュふるさと推進モデル事業」の認定を受けて、一九九三年には「白川郷ふるさと体験館」という新しい施設が建造された（総工費約二億円）。一階は休憩所となる「焼畑の間」と四〇人が一斉に体験できる「そば道場」、二階は「多目的ホール」となっている。なお、白川郷合掌の里は一九九四年に再び名称変更されて「野外博物館 合掌造り民家園」（以下、白川郷合掌村以来の総称として「民家園」という）となり、現在に至っている（写真6－5）。[9]

こうして、長い年月と少なからぬお金をかけて、「民家園」は整備されてきた。ここで行なわれてきたのは、前節でみた他の移築型野外博物館と同様、スカンセンから続くリビングヒストリー（生活復元）展示である。現在では実演はほとんど行なわれていないが、わら細工、ひで細工、そ

写真 6-5　野外博物館 合掌造り民家園（2010 年 11 月 7 日、著者撮影）

ば打ち、餅つき、草木染めといった体験学習は、子どもや外国人観光客に人気がある。ただ、他の移築型野外博物館と違うのは、復元ではない、現地・現物展示である重伝建地区および世界遺産「白川郷」と隣接しているという点である。

当初は、合掌造り集落はここでしか残せないかもしれないという思いで造られた「民家園」だったが、荻町地区の中心部が重伝建地区になったことで、結果的に両者は競合することになってしまった。二度目の名称変更は、実のところ、重伝建地区と紛らわしい（観光客が間違って「民家園」の方に行く）というクレームが住民からあったためだったし、「民家園」が何か新しいことをすると重伝建地区の人びとからいろいろ言われるという。ただ、維持管理にはかなりの費用がかかるため、それなりの数の観光客に訪れてもらわなければならない。そのバランスが難しいようだ。例えば体験学習は、現在の重伝建地区ではほとんど提供されていないため、棲み分けに成功しているといえる。こうした棲み分け／補い合いが、両者の共存にとって重要になっている。

四　リビングヒストリー展示とリビングヘリテージとオーセンティシティ

一九二〇年代からはじまった合掌造り研究は、合掌造りに多様な「価値」を付与することに繋がった。また、一九五〇年代半ば以降、庄川沿いで立て続けに行なわれた電源開発や集団離村は、さまざまな形で合掌造りの減少に拍車をかけると同時に、白川村内外の人びとに合掌造りの価値を認識させた。そのようななかで、まずは村外移築が進み、合掌造りは商業施設として再利用されたり、移築型野外博物館の展示物として保存・活用されたりすることになった。これはやがて白川村内で合掌造り保存運動が起こる契機となり、最終的には荻町地区中心部全体を文化遺産として現地保存することになって現在に至っている。

ただし、村外移築による保存と現地保存の間には、もう少し段階的な動きがあった。その一つが前節で紹介した荻町地区内の小呂に造られた白川郷合掌村（一九七二年開館）であり、もう一つは本章で詳細を割愛した岐阜県高山市の飛驒民俗村（一九七一年開館）である。実は高山市の飛驒民俗村もまた、合掌造りが「飛驒」の外に移築されていくのを目の当たりにした人びとが、「飛驒にある古民家を飛驒に残すべきである」と考えて造ったものだった（長倉、一九七四）。つまり、白川村の白川郷合掌村も高山市の飛驒民俗村も、目指していたのは一種の現地保存だったといえる。それが、究極の現地保存である重伝建地区の誕生（一九七六年選定）によって、さらには世界遺産

「白川郷」の登場（一九九五年登録）によって、「民家園」も飛騨民俗村も単なる「つくりもの」のような扱いになってしまった。

しかし、先述したように、重伝建地区にも村内他地区から移築され、商業施設として利用されている合掌造りが複数ある。また、重伝建地区は、実際に人が生活している場所であるがゆえに、建造物内部と外観の一部は現代の生活様式に合わせて改変することを許されている。「伝統的」な建造物に暮らしながらも、システムキッチンやユニットバスや床暖房の生活が可能なのである。かつてのようにいろりを焚いている家はほんの僅かであり、従来の間取りを維持している家はおそらく皆無に近いだろう。また、周囲の景観も含めて修景が施されており、ともかく見た目上、より「ホンモノらしいもの」に造り変えられている（第三章、第五章）。ただ、そもそも文化とは変化するものであることを考えれば、重伝建地区という生きている文化遺産を継承していくためには、修景を求めすぎない、より柔軟な対応も検討されてしかるべきなのかもしれない。

一方、移築型野外博物館においては、それぞれの民家が建てられた当時の姿（に類するもの）とそこで営まれていた生活を生き生きと復元してみせる展示が目指されている。それは今現在を生きているものではないが、それだけに「凍結保存」に近い状態の維持を可能にしている。

白川村の「民家園」でも、重伝建地区・世界遺産と移築型野外博物館の違いを次のように認識している。

貧しくともこころゆたかな、自然と共生する自給自足の暮らしが合掌建築という特異な景観を構成。しかし、今や世界文化遺産で観光客と車がラッシュする風景に、厳しい昔人の生活観、山のなりわいをもはや想像すらできないことでしょう。それは、時代が快適で文化的な生活観へと変容してやまないからではないでしょうか。額に汗して働く相互扶助の白川郷の原風景を未来永劫に保存公開している民家園では、ゆっくりと歩きながら、心の故郷にかえったようなやすらぎを偲ぶことができます。

（野外博物館 合掌造り民家園 online:culture）

重伝建地区であり世界遺産でもある「白川郷」が十分な価値を有することは、誰もが認めるところだろう。しかしながら、世界遺産「白川郷」と移築型野外博物館のうち、どちらが文化遺産としてのオーセンティシティを有しているかは、厳密に考えれば評価の分かれるところではないだろうか。「オーセンティシティに関する奈良ドキュメント」において、オーセンティシティの評価にとって重要な要素としてあげられていたのは、「立地と環境」の他に、「形態と意匠」「材料と材質」「用途と機能」「伝統と技術」「精神と感性」「その他内的外的要因」だった。これらのなかには、「白川郷」内の建造物よりも移築型野外博物館に移築された建造物の方が明確に維持できているものがある。

確かに、重伝建地区のような究極の現地保存集落が登場したことによって、ましてやそれが世界遺産に登録されたことによって、移築型野外博物館の存在意義が薄れた感があるのは否めない。しかし、複数の移築型野外博物館で聞かれる「こっちの方が「白川郷」よりもゆっくりできていい」という観光客の好意的な評価は、単に観光客数の増加が引き起こす喧噪の有無によるものだけではないだろう。そういう点で、両者はやはり補完的関係にあると考えられる。にもかかわらず、行政も観光客も、今となっては住民自身も、程度の差こそあれ、重伝建地区に凍結保存的役割を求めすぎるきらいがある（才津　二〇〇六b、二〇一五）。「生きている遺産」（リビングヘリテージ）をまもる難しさの一つは、こうした文化の変化と固定に関する誤解に起因するように思われる。

五　「生きている遺産」（リビングヘリテージ）のゆくえ

世界遺産「白川郷」で暮らすことは、文化遺産の保全を日常として抱え込むことに他ならない。私が「白川郷」に通うようになってから二十年以上経つが、その傾向は年々強化されているようである。しかし、それはどこにでも可能なことではない。多くの住民が当事者意識をもって、互いに意思疎通を図りながら、文化遺産をまもっていくことができているのは、長い間かけて育まれてきた住民組織の持つ底力だといえるからである。しかしながらそれは、他の文化遺産には他の文化遺産なりのまもる方法があるということでもあるだろう。

また、「白川郷」が教えてくれるのは、「文化遺産をまもること」とは「文化（遺産）を再創造すること」だということである。これは特に重伝建地区に顕著に見られるものであるが、他の文化遺産に関しても大なり小なり同じことが指摘できるだろう。「無形の文化遺産は変化するが、有形の文化遺産は変わらない」という言葉を聞くことがあるが、そんなことはないのである。とするならば、こうした変化を前提に文化遺産を保全していく場合、問題になるのは「何をどこまで保っていればいいのか」ということだろう。

「白川郷」で、ある合掌造り保有者と談笑していた際に、次のようにいわれたことがある。「合掌造りは祖先から受け継いできた大切な世界遺産だし、是非とも次の世代に受け継いでいってほしい。しかし、次世代にバトンタッチしていくためには、合掌造りを次世代が苦労しないで維持していけるようなものにしなければならない。だから、これまでも内部は暮らしやすいように改築してきた。今後は、たとえば屋根を葺き替えないでいいように、プラスチックか何かで茅にそっくりなものを作ってほしいし、雪下ろしをしなくて済むように、屋根が羽のように動いてパタパタと動かしたら雪が落ちるような仕組みを作ってほしい。そういうことを「白川郷」を研究している人達に考えてほしい」と。そこで私は聞いてみた。「内部も変えて、屋根も変えて、一体合掌造りという文化遺産のどこが次の世代に受け継ぐべきところなんでしょう？　外観の形だけですか？」その方は黙ってしまい、答えを聞くことはできなかった。

こうした発言は、文化遺産をまもっていくことの大変さからきていることはわかっている。ただ、「白川郷」で文化遺産の保全の実態を知れば知るほど、「何がホンモノで何がニセモノなのか」、「何をどう残すことが文化遺産のオーセンティシティをまもるということなのか」がわからなくなることがある。もしかしたら「白川郷」の人びとも私と同じような感覚を抱くことがあるのかもしれない。

つまり、文化遺産の多様性を求めた一つの帰結として「生きている遺産」(リビングヘリテージ)が増加している今日、継承のあり方もまた多様性が求められているということなのだろう。そしてそれはきっと「実際の担い手たちがどう継承したいのか／どうすれば継承していけるのか」ということと深く関わってくるのではないだろうか。

注

序章

（1）ただし、これは大字で数えた場合である。白川村ではこれに小字の二地区を加えて、全体で一六地区としている。

（2）例えば、サイードは『オリエンタリズム』において、「オリエントは、ヨーロッパ（つまり西洋）がみずからを、オリエントと対照をなすイメージ、観念、人格、経験を有するものとして規定するうえで役立った」（サイード　一九八六：二）と指摘している。

（3）関本（一九九四）参照。

（4）例えば、『文化を書く』（クリフォード、マーカス　一九九六）がその代表的なものだといえる。なお、この辺りを執筆するにあたって、岩竹（一九九六）を参照した。

（5）民俗学では、一九九〇年代後半から、文化財行政を批判的に検討する研究が見られるようになった。橋本裕之によれば、文化財行政を含む民俗行政の批判的検討の萌芽は、一九九二年に施行された通称「おまつり法」（正式名称は「地域伝統芸能等を活用した行事の実施による観光及び特定地域商工業の振興に関する法律」）をめぐる議論にあった（橋本　二〇〇一）。「おまつり法」に対する批判のなかで、その対極にあるものとしてあげられた文化財保護法だが、それにもまた問題点があることが指摘されたのである。ただし、民俗文化財に関する保護制度の成立をめぐる言説を分析しながらその政治性についても明らかにしたのは、拙稿（一九九六、一九九七）が最初のものだった。その後、岩本通弥（一九九八）や菊地暁（二〇〇一）、大島暁雄（二〇〇七）、俵木悟（二〇一八）による研究が続き、民俗文化財に関する保護制度の成立過程の詳細が明らかになった。

さらにこの研究は、民俗文化財の担い手が文化財をどのようなものとして認識し、文化財への指定をどのように受け止め、あるいは文化財の指定を受けるべくどのような働きかけをし、その後それをどのように保存および活用しているのかといった、担い手の実践の考察と連動していた。この点に関しては、橋本裕之が早くから着目しており、民俗芸能の当事者が文化財としての保存と観光資源としての利用とを使い分ける戦略を編み出していることを指摘している（橋本　一九九六）。また、拙稿（一九九七）においても、文化財保護制度創出者側の意図と担い手の実践にはズレがあり、当事者なりの読み替えによる活用のされ方をしていることを明らかにした。その後、俵木悟（一九九七、二〇一八）、足立重和（二〇〇〇）、菊地暁（二〇〇一）らによる民俗文化財を直接保持している人びとの実践を主題とした研究が進み、次第に当事者の多様な実践が明らかにされてきた。日本の文化人類学分野からはじめて出された文化遺産に関する論文集『文化遺産と生きる』（飯田　二〇一七a）、『文明史のなかの文化遺産』（飯田　二〇一七b）もまた文化遺産の担い手に焦点を当てたものである。

第一章

（1）例えば、中里介山の『大菩薩峠』（初出は雑誌および新聞連載。白川郷に関する内容は、主に一九三〇年前後に書かれたもの）では、畜生谷が、「大家族制」を思わせる、乱婚・近親婚が行なわれている地域として描かれている。また、同書では、白川郷を武陵桃源の地と表現している。以上、中里（一九七六）参照。

（2）雑誌の内容は論説・歴史・伝記・天文・地理・人事・農事・工業・商法・諸業・理化・衛生・教育・教法・文籍・貨物と非常に多彩である（武藤〔一九六三〕参照）。

（3）なお、この連載を読んだ英国領事館補のサンソン（ジョージ・サンソムか）が白川村に行くことを決意し、鳥居龍蔵にコンタクトをとってきたことが一九〇五年七月十三、十四日の『讀賣新聞』紙上で鳥居によって報告されている（鳥居　一九〇五）。サンソンの目的は、白川村の人情、風俗を見て、撮影をし、大英国亜細亜協会（The Asiatic Society of Japan：日本アジア協会か）報告に掲載するためだという。

（4）「農村調査（白川村）」の目次上のタイトルは「斐太の白川（飛驒国大野郡白川村）」となっており、『風俗画報』掲載論考のタイトルと同一である。また、論考のなかで紹介された大家族の系図も全く同じものである。

（5）柳田はのちの家族制度と労働組織に関する論考（柳田　二〇〇一〔一九二七〕）のなかでも、白川村の「大家族制」を大家族の実例の一つとして扱っている。ただし、「一家のうちに五十人以上の多人数が住むので、家屋の構造もそれに従って大きい。〔中略〕五階になって居るが、主人夫婦がナンドと称して別に寝室を持って居るだけで、あとのものは二階三階に一同に枕を並べて寝る。それだけの大家族だから、便所の如きも、八畳間くらいの大きな穴を掘つて、それに梯子のやうなものをかけ渡して、一度に二十人以上のものが用を便ずることが出来る様になつて居る」（柳田　一九二七：三七五―三七六）と書いているところから、家屋（合掌造りと付属屋）の使用方法に関してはかなり誤解があったことがわかる。

（6）鬼頭（一九三五）によれば、このタイトルは、ラジオ放送の記念のために録音を起こしたパンフレットを作成する際につけられたもののようである。当時の新聞のラジオ欄には、「桃源境・飛驒白川郷を語る」「飛驒白川郷の風俗奇習を語る」など思い思いのタイトルで掲載されていた。

第二章

（1）竹内は、調査の結果「白川村のあの特異な大切妻造りの民家は、たんなる蚕室建ての住宅の一形式にすぎないと断定し、卒業論文の結論とした」と述べている（竹内　一九七八：三五四）。

（2）ただし、竹内らには自前で機関誌を発行するゆとりがなかった。そのためこの機関誌は、他の雑誌（『民俗』と『建築世界』）に毎号民家の原稿を書いて別刷を作ってもらい、それを利用したものだった（竹内　一九八六）。

（3）伝統的建造物群の保護制度の創出過程と運営方法については、文化庁（二〇〇一：一八五―一八七）を参照した。

（4）実際に売買された価格には数十万円から数百万円まで幅があったが、一九六〇年代末の相場は一棟五〇万円だったという（朝日新聞社　一九九五）。

（5）「茅一〆」というのは、長さ一二尺、周囲六尺の茅の束を指す。この「茅一〆」を毎年各戸が拠出することで葺き替え用の茅を確保しようというのが、「茅一〆講」だった。

（6）民俗文化財創出過程の詳細については才津（一九九六、一九九七）、菊地（二〇〇一）、俵木（二〇一八）を参照されたい。

（7）現在の「白川郷」の屋根葺きには方法が三つあるといわれている。一つ目は従来からある住民間の無償労働で行なうユイ（結）、二つ目は村内の合掌造り保有者で構成される合掌家屋保存組合と村内の業者で屋根葺きを行なう現代ユイ、三つ目は業者のみで行なうものである。

合掌造り保有者が減少したことから、一九九〇年前後を境に白川村ではユイによる屋根葺きはあまり行なわれなくなった。ユイというのは相互扶助行為であるから、手伝いに来てもらったら、手伝いで返さなければならない。しかし、相手が合掌造りを保有していない場合は返すことができないため、屋根葺きに来てもらうことがためらわれるようになったのである。

そこで、合掌造り保有者で構成される合掌家屋保存組合と村内の業者に屋根葺きを頼むようになった。合掌家屋保存組合参加者は全員が合掌造り保有者であるから、これこそ従来通りのユイだという人もいる。ただし、合掌家屋保存組合のみで屋根葺きをすることはなく、村内業者も葺き替えに参加し、下準備や仕上げも行なっている。ユイと現代結との違いは、前者が一日で葺き上げるのに対して、後者は一週間程度かけて葺くというところにある。しかも熟練した人が多く携わるので、葺き上がりがきれいだという評判である。また、従来のユイの際には必ず食事などが提供されていたが、現代ユイではそれをやめている。仕上がりの良さに加えて、この接待の手間が省けることも現代ユイが選ばれる理由であるが、逆にユイ的要素があるのにそれができないことで現代ユイを敬遠する人もいる（内海ほか 二〇〇八）。

そして現在最も多くの人が選ぶのが、業者委託である。もともと村内の工務店が請け負い、茅葺き技術の熟練者たちを雇って葺いていたのだが、二〇〇三年にそのような熟練者のなかから屋根葺きを専門に行なう会社（有限会社 白川郷かや屋根技術舎）を立ち上げる人が現われた。現在は工務店ではなく、この会社が村内の屋根葺きを引き受けている。業者委託のメリットは、なんといっても仕事が丁寧で（一週間から一〇日かけて葺く）、最も仕上がりがいいところである。金銭の授受によって成り立っているため、大がかりな接待の必要もない。さらに、重伝建地区内の合掌造りであれば、屋根葺き費用の九〇％が補助金で賄われる。こうしたことが業者委託を選択する要因となっている。

ただし、これでは茅葺き技術の伝承が行なわれず、ユイを忌避する傾向がますます強まるため（ユイで葺くと明らかに仕上がりが違うため）、白川村役場が頼んで、毎年一棟は従来通りのユイで屋根葺きをしてもらうようにしている。なお、その際の下準備や仕上げも業者が請け負っている。

第三章

（1）「白川村伝統的建造物群保存条例」によると、「伝建審」の委員は「学識経験者・関係行政機関の職員・

関係地域を代表する者等のうちから教育委員会が委嘱する」ことになっている。定数は十五名以内、任期は二年である。

（2）荻町地区は七つの「組」と呼ばれる近隣組織に分かれているが、その代表である「伍長」は二人おり、そのうち一人が「守る会」委員になっている。

（3）電線の地下埋設のきっかけは、カメラマンからの苦情だったという話も聞いた。「白川郷」でのカメラマンの傍若無人ぶりは目に余る時があるが、世界遺産登録前からカメラマンは重要な観光客であり、彼らに焦点を当てた観光活動も積極的に行なってきたという経緯がある。

（4）この辺りを考える上で、アルヴァックス（一九八九）を参照した。

（5）荻町地区内では、二〇一四年四月一日から景観保全と通行者の安全対策を目的に、車両進入制限などの交通対策を実施しており、九時~十六時の時間帯は地区内への車両進入を禁止し、公共駐車場を利用するよう促している（白川村役場 online:o04）。

（6）「守る会」委員の権威化や審議の不透明性（「守る会」委員会の審議過程・内容の詳細が一般の「守る会」会員には公表されないこと）、委員内での発言機会や決定権の偏重などが問題点としてあげられる。

（7）カギトリは、白川八幡神社の元旦祭、節分祭、春祭り、本祭り（または例祭。通称「どぶろく祭り」）、秋祭り、月並み祭などの準備・進行・後片付けを担当する。他にも、十月の本祭りのためのどぶろくの仕込みや、雪が降る季節に毎朝神社の鳥居から本殿までの道を作る「雪踏み」などを行なう。荻町地区は七つの組で構成されているので、七年に一度のペースでカギトリがまわってくる。

第四章

（1）浦（一九八五）によれば、旅館業法には「民宿」という宿泊施設名はない。あるのは「ホテル」「旅館」

「簡易宿所」「下宿」であり、主に建物の構造設備を基準にして分けられている。このうち「民宿」と呼ばれている（名乗っている）のは、「旅館」の営業許可書を持っているものの一部と「簡易宿所」の営業許可書を持っているものである。

（2）以下は木村（一九九七）と木村さんへの聞取り調査をもとに記述した。

（3）一九六一年の農業基本法制定を契機に、白川村では農業振興策が検討され、村の中核的農業者の有志による農業クラブが結成された。この動きに呼応して、野谷平盛村長が水稲作・畜産・養蚕を柱とする基本方針を打ち出した。このうちの畜産部会に、のちに合掌造り保存運動の中心となる人びとが含まれていたのである（柿崎　二〇一一）。

（4）民宿が一般的になるにつれて客層の違いがはっきりしてきたことから、このような対立は次第に見られなくなったという。

（5）その人物とは、当時白川村役場で課長をしていた小笠原安藤さんである。後述する白川郷民宿業連絡協議会の設立は、小笠原さんの協力によるところが大きかったという。

（6）一九八六年には他地区の民宿業者と分かれて荻町地区内の民宿業者だけになった。

（7）ただし、この「ふるさと」とか「家族」という言葉は、「白川郷」に限らず、民宿という形態の宿の特徴や定義、あるは条件としてよく使われる表現でもある（浦　一九八五：総理府　一九八一）。

（8）この他、祭りや催し物の準備、用水掃除などの人足としても、男性が出席する場合が多い。ただし、祭りや催し物の準備をする人びとのためのお茶や食事の準備・手配など、裏方のそのまた裏方の仕事は、主に女性が担っている。

（9）もちろん、すべての民宿がこのようなことをしているわけではない。後述するような修学旅行生の受け入れ時ではない限り、宿泊客にこれらの話をするかしないかは、あくまでも各民宿に任されている。

（10）図4－1、図4－2は、文字で書いてあったものを私が図にしたのではない。富子さん自身がこのような図を使って献立を決めていたのである。ただし、御飯は省略されていたため、私が追記した。

（11）ただし、この年から修学旅行を受け入れはじめたわけではない。木村美乃里さんや大谷睦子さんによれば、これ以前からすでに受け入れていたという。

（12）この一九八六年の数字は受け入れ予定の段階で数えたものである。よって、実際の数字は異なる可能性もある。

（13）日本では、明治以降自家用酒造を禁止しているが、神社の祭礼用の酒造は例外として認められている。白川村では、木谷白山神社と白川・鳩谷・飯島・平瀬各八幡神社が祭礼用に毎年濁酒を製造しており、例大祭の参拝者に振る舞われる。明治以降の自家用酒造の禁止と白川村における祭礼用濁酒製造の詳細については、才津（二〇一二）を参照されたい。

（14）この「第一世代」「第二世代」という表現は、睦子さんが用いていたものをそのまま使わせていただいた。

第五章

（1）奈良国立文化財研究所が行なった高山の町並保存報告書のなかで、宮澤智士は本条例を「町並保存関係の条例」として紹介している（宮澤　一九七五）。

（2）ただし、「白川村荻町伝統的建造物群保存地区保存計画」にこのような規定を加筆したのは、斎藤本人であると聞いた。

（3）松井・山田（二〇〇一）では、「今後の方策と事業展開」という章で、住民への「景観の価値の啓蒙」の必要性が説かれている。

（4）ただし、第三章で述べた通り、現状変更行為許可申請に関する主導権は当初から「守る会」が有しているし、その「守る会」にも一貫した基準があったわけではない。したがって、「伝建審」にそれを求めるのは酷だと思われる。もっとも、Cさんとしても、報告者への皮肉として語ったにすぎないのかもしれないが。

(5) 世界遺産リストの地理的、時代的、テーマ的不均衡とはどのようなものか、「代表性のある世界遺産一覧表のための「グローバル・ストラテジー」及びテーマ別研究に関する専門家会議」の報告書(UNESCO Headquarters 一九九四)を参照しながら、もう少し詳しく述べておこう。同報告書では、地理的、時代的、テーマ的不均衡について、次のように指摘している。①他の地域に比べてヨーロッパの遺産が過剰に登録されている。②歴史的町並みや信仰関連建造物が他のタイプの資産よりも過剰に登録されている。③キリスト教関連のものが他の宗教や信仰のものに比べて過剰に登録されている。④先史時代や二十世紀のものに比べてそれ以外の時代の遺産が過剰に登録されている。⑤「優品」としての建築が、ある地方特有の建築よりも過剰に登録されている。さらには、生きている文化=とりわけ「伝統的な」ものの深さ・豊かさ・複雑さ・自然環境との多様な関係、民族誌的および考古学的景観、そして顕著な普遍的価値を有する人間の諸活動に関わる多くの事象がこれまで見落とされてきたことも指摘されていた。

そこで、同報告書では、これらの不均衡を解消し、世界遺産リストの代表性および信頼性を確保していくために、いくつかの勧告を行なっている。それは、類型的アプローチから文化的表現の複雑でダイナミックな性質を反映するアプローチへの転換、人間と土地との共生を示すもの(人間の諸活動や居住、生活様式、技術革新など)や人間の社会的活動(人間の相互作用や文化的共生、精神的・創造的表現など)のような人類学的文脈からの考慮、遺産をまだ登録していない締約国や世界遺産条約を締約していない国への積極的な働きかけなどである。また、登録基準のなかの「すでに消滅した文明に関する独特な、あるいはまれな証拠を示していること」(基準ii)の「すでに消滅した」という言葉を、生きている文化を疎外するという理由で削除するよう求めたりするなど、登録基準の見直しも促している。この件については(才津 二〇一三)

も参照されたい。

（6）足立がいう郡上踊りで見受けられる「ノスタルジック・セルフ」のようなもの（足立 二〇〇四）も、地域社会の自浄作用の一つの現われだと私は考える。

第六章

（1）杉本尚次（二〇〇二）は、本章でいう収集移築型移築型野外博物館も伝統的建造物群のような現地保存の建造物群も「野外民家博物館」というカテゴリーに入れて論じているが、本書では両者を明確に分けて考察するために、前者のみを移築型野外博物館と呼ぶことにしたい。

（2）日本民家集落博物館創設の経緯については、主に日本民家集落博物館編（二〇〇六）を参照した。

（3）最終的には、関西電力の拠出額は二百万円、豊中市は百万円となった。

（4）例えば、川崎市立日本民家園では、以前は神奈川県内の屋根葺き職人に葺き替えを依頼していたが、一九九六年の葺き替えの際には白川村の業者に依頼している。実際に葺き替えを行なったのは和田利治さんら九名だった。ただし、差茅や簡単な補修に関しては、近隣に依頼できる職人がいる。また、名古屋市東山動植物園では、開園七〇周年を迎えた二〇〇七年に、市民協働で合掌造りの屋根の葺き替えをするイベント「みんなでやろう名古屋の結」を行なった（鹿嶋 二〇〇六、二〇〇七）。その際、白川村の中学生と一緒に白川村で茅を刈ったり、白川村から屋根葺き職人（有限会社 白川郷かや屋根技術舎）を招いて一緒に葺き替えを行なったりした。

一方、白川村内で進んでいる変化として、屋根葺き技術保持者の職人化という現象がある。第二章の注7で述べたように、屋根葺きの業者委託が進むなかで、特定の熟練者が「職人」という位置づけになっていった。また二〇〇三年に屋根葺き専門の会社（有限会社 白川郷かや屋根技術舎）が創設されたことから、専業の職人が生まれることになった。

なお、白川村の屋根葺き職人や熟練者が呼ばれるのは、合掌造りの葺き替えや修理だけではない。他地域の民家および社寺の葺き替えや修理を依頼されることもある。これは他の地域より茅葺き屋根の家がたくさん残っていることや、移築と再建を繰り返したことによって、経験が豊富になり、高い技術を持つようになったからだと考えられる。

また、全国的に減少している茅葺き職人の相互交流や技術向上、後継者育成の場をつくるという目的で、二〇一八年には日本茅葺き文化協会の分科会として茅葺き職人分科会がつくられた。白川村の職人もメンバーに入っている。さらに、茅葺き建造物および茅葺き職人の減少は世界各地で同時進行しているため、「世界茅葺き会議」という国際組織も創設されている。ちなみに「第六回世界茅葺き会議二〇一九　第六回日本大会」のメイン会場は白川村だった。なお、「茅葺」と「茅採取」は選定保存技術にも選定されており、後者の保存団体に認定されているのは日本茅葺き文化協会である。選定保存技術に選ばれているということは、ゆくゆくは「茅葺」や「茅採取」がユネスコの無形文化遺産に登録されることになると予想される。
（5）村上大介さん所蔵のこのパンフレットは、白川村が制作したもので、国立公園白山、御母衣ロックフィル大ダム、白水の滝、天生峠、明善寺民俗館、合掌集落（馬狩）、どぶろく祭、白川民謡、獅子舞が白川村の見所として紹介されている。
（6）酒井さんは違う名前ではないかといっていた。水口・富山（一九九八）には「民俗館」と書かれている。
（7）飛山グループのマークは合掌造りであり、名刺や別館の壁面、多治見にある姉妹店の飛山フローラの看板、パンフレットの表紙などにも使用されている。酒井さんによれば、国道四一号を通っていく人にとっても目印になっていると思うとのことだった。
（8）鈴口さんによれば、このような状態になったために、みんな茅を育てるのをやめてしまった。その頃は維持が大変といっても茅不足なんかはなかったという。また、鈴口さんのところにも売ってくれと言ってきたが、合掌に愛着があったため売らなかったと話していた。

（9）「そば道場」は二〇一九年現在、食事処になっている。

あとがき

「ここの念仏踊りは国の文化財になっとるけん、○○の念仏踊りよりすごからしか。○○のは県指定じゃもん」。一九九〇年代初頭、調査先でこのような言葉に出会ったことが、私が文化財の研究をはじめたきっかけである。多少の違いはあるものの明らかに同系列と思われる、民俗学的・文化人類学的認識によれば高低優劣はないはずの念仏踊り。それが選ばれた文化財の種類によって、あたかもランクづけされているように扱われているということ。しかも文化財になったことによって観光資源化され、それによって少なからぬ変化も生じているという事実。こうした眼前の出来事を前に、「一体、いつ、誰が、どのようにしてこの文化財保護制度をつくり、誰がどのような基準で選んでいるのか」という素朴な疑問が私のなかに浮かんだ。そこから民俗文化財に関する保護制度の成立・普及と文化財の直接の担い手への影響、文化財保護制度の理念と担い手の実践のずれについて研究し、修士論文としてまとめた。

その後博士後期課程に進学した私は、今度は世界遺産に登録されて間もない「白川郷」を調査地として定めた。選んだ理由は、「白川郷」が合掌造りという「普通の人びとの家」を中心とした文化遺産だったからである。「白川郷」が世界遺産に登録された経緯はどのようなものなのか、日々の暮らしのなかで「白川郷」の人びとはどのように文化遺産を継承しているのかを知りたいと思った。

はじめて「白川郷」こと白川村荻町地区を訪れた時（一九九八年四月）のことは、今でも鮮明に憶えている。大学院のゼミで集団調査をしていた旧古川町（現飛騨市）からの帰りに、私は一人白川村に立ち寄ることにした。高山を夕方に出発し、牧戸で乗り換えたバスが白川村荻町地区に到着したのは、とうに日が暮れた後だった。バスを降りようとした私は、真っ暗でほとんど何も見えないことに驚き、急いでバスの運転手さんに民宿の場所を尋ねた。その時の乗客は、私一人だったのである。バスを降り、人っ子一人いない暗い道を歩いた。闇夜か曇り空だったのだろう。周りの景色はぼんやりとしか見えなかった。民宿で朝を迎えた時、私が最初にしたことは、部屋の障子を開けて外を見ることだった。そして私は息をのんだ。合掌造りが立ち並ぶ光景があまりにも美しかったからである。「ほんとにこんなところがあるんだ」と、しばし見とれた。「この辺の景色は、もう日本的でない。少くとも私が日本でかつて見たことのない風景だ」（タウト　一九三九：五三）と約六十年前にこの地を訪れたブルーノ・タウトが述べているが、まさしく同じ感慨を「日本人」である私が抱いたのである。

それから荻町地区に通いつつ、白川村の研究史を調べはじめた私は、また驚かされることになる。「大家族制」の紹介をきっかけに、明治以降、実に多くの研究者やジャーナリスト、一般の人たちが白川村に注目してきたことを知ったからである。しかもその多くは、白川村を好奇の目で見つめたものだった。「白川郷」の世界遺産登録は、紛れもなくその延長線上にあるのだ。そう確信していった。

一方、本格的な現地調査は、白川八幡神社の例祭である通称「どぶろく祭り」用のどぶろくの仕込みのお手伝いをさせてもらうことからスタートした。たらいで大量の米を研いだり、蒸し上がった米に麹《こうじ》を混ぜたりしながら、東上組や氏子総代の皆さん、杜氏《とうじ》の根尾俊道さんから、白川村の今昔話をうかがった。それから一年間、東上組のカギトリ（鍵とり）の役目を調査した。その年のどぶろく祭りでは、「自分で造ったんだから」とたくさんどぶろくを勧めてもらい、生まれてはじめて意識が遠のきそうになった。この祭り調査で印象的だったのは、荻町地区の方々がとても親密な人間関係を築いていることと、一人何役もこなしていることだった。さっきまで一緒に祭りの準備をしていた方が、いつのまにか着替えて神前でひちりきを吹いていたり、神輿《みこし》巡行や獅子舞で大太鼓を叩いていたり、舞台で民謡を歌っていたり、三味線を弾いていたり、春駒（民俗芸能）で仮装していたり、と皆さん本当に多才なのである。芸能はどれも素晴らしいのだが、私が特に好きなのは一七演目もある獅子舞で、何度見ても飽きないし、伴奏の笛の音がいつまでも耳に残って離れない。観光客がほとんど帰ってしまった境内で、夜中まで続く祭りは、昼間とはまた違った荻町地区の顔を見せてくれる。

また、夏休みを利用して、民宿「幸エ門」で住み込みで働いた際は、民宿を営む大変さとともに、白川村での暮らし方を学んだ。組や親族といった人びとの繋がりが非常に強固に残っていることを実感したのもこの時だった。やがて、当時会長をしていた三島敏樹さんをはじめとする委員の皆様のご厚意で、「守る会」委員会に毎月のように参加したり、屋根葺きに参加したりするようにもなった。

こうして足しげく「白川郷」に通ううちに、「文化財／文化遺産をまもる」とは具体的にはどのような行為なのかを私なりに理解するようになったと思う。本書はこのような経緯から生まれたものである。

実はこうしたことを主題とした研究は、民俗学・文化人類学の分野では当初あまり理解してもらえなかった。それでも研究を続けられたのは、ひとえに問題意識を共有できる方々との出会いと時代の変化のお陰である。もちろん、調査に協力してくださった、白川村をはじめとする、皆様のお陰でもあることはいうまでもない。

本書を執筆するにあたって、本当に多くの方々のご協力とご指導を賜った。以下に記して厚く御礼申し上げたい。

私が修士論文をもとに学会デビューした際、何人かの研究者に「面白い」と声をかけていただいた。それが私を次の研究──「白川郷」研究に向かわせてくれたと思う。その一人である岩本通弥さんには、その後何年も続けてＪＳＰＳ科研費の研究協力者や分担者に加えていただいた。その研究会や巡検によって得られた人脈、知識、刺激が私の研究の大きな助けとなった。したがって、共同研究者の皆様も含めて御礼申し上げたい。他にも、特に博士後期課程の院生時代は、多くの研究会に共同研究者やオブザーバーという形で参加させていただいた。多分野の研究者から構成された研究会も多く、大変勉強になった。

白川村では、実に多くの方々にご協力いただいた。何度も快く「守る会」創設前後の貴重な話をしてくだった故・板谷静夫さん、三島敏樹さんをはじめとする「守る会」委員の皆様、さまざまな資料を提供してくださり、聞取り調査に付き合ってくださった白川村役場と世界遺産白川郷合掌造り保存財団の皆様、何度となく自宅に泊めてくださり、いろいろな話をしてくださった大田隆子さん、民宿「幸エ門」の大谷さんご一家、最初のどぶろく祭りからお世話になっている根尾俊道さん、本文中にもお名前をあげた鈴口茂さん、故・木村美乃里さん、大田利展さん、下山武久さん、他にもたくさんお世話になった方々がいる。すべての方のお名前をあげることはできないが、心より感謝申し上げたい。また、移築された合掌造り所有者と合掌造りが移築された野外博物館関係者の方々にも御礼申し上げる。本書の執筆中、皆様の顔が目に浮かぶことも多く、自分がどれだけお世話になったか実感した日々だった。皆様のご恩に多少なりとも報いることができていれば幸いである。

博士論文執筆中にご指導いただいたのは、大阪大学大学院文学研究科日本学研究室の先生方である。川村邦光先生には、いつも暖かい励ましをいただいた。博士論文がなかなか書けなかった私にとって、「ゆっくりやってください。さみしくなっから」という先生のお言葉は、非常に有り難く、何度も救われた。それとは対照的に、いつも発破をかけてくださった故・中村生雄先生のご助言も、私にとっては大変貴重だった。ずっと励まし続けてくださった杉原達先生、ゼミや博士論文経過報告会などにおいてご指導を賜った、荻野美穂先生、冨山一郎先生にも感謝申し上げる。

また、修士課程の頃からの師である小松和彦先生に、厚く御礼申し上げたい。院生の頃は先生のお話の真意を汲み取ることができないこともあった私も、国際日本文化研究センターで研究機関研究員（講師）として働き、院生とは違った立場から先生のお仕事を間近で拝見させていただくなかで、研究とはいかなるものかを改めて学んだように思う。

さらに、「白川郷」が世界遺産になった経緯を話してくださった田中琢さんと、田中さんにお話を伺う機会を設けてくださった高木博志さんと内田和伸さんのご厚情に、感謝申し上げる。

本書における調査は、多くの助成金をもとに遂行された。ＪＳＰＳ科研費JP17320138、JP20320133、JP19720236、JP22520827のほか、旅の文化研究所第九回公募プロジェクトの助成も受けた。また、本書は長崎大学多文化社会学部出版助成により、長崎大学多文化社会学叢書として出版されるものである。よって、ここに謝意を表したい。

本書の刊行に際して、遅々として進まない執筆を辛抱強く待ってくださった新曜社の渦岡謙一さんにも心より御礼申し上げたい。

最後に、両親と、日々私を支えてくれている夫の中村淳と息子の啓真、猫のカンナとフミにもありがとうと言いたい。

二〇一九年十二月

才津祐美子

初出一覧

序章　博士論文「世界遺産「白川郷」の近代――〈民なるもの〉の「文化遺産」化をめぐる言説と実践の諸相」（大阪大学　第一八二九九号、二〇〇四年）序章を大幅に加筆修正した。その際、「近代日本における人文景観を中心とした「空間」の保存と活用の歴史的展開――文化財保護制度を中心として」（『国立歴史民俗博物館研究報告』一五六号、二〇一〇年、一二三―一三五頁）の記述も一部用いた。

第一章　「白川村発見――「大家族制」論の系譜とその波紋」（小松和彦還暦記念論集刊行会編『日本文化の人類学／異文化の民俗学』法藏館、二〇〇八年、四二八―四四九頁）をもとに、一部加筆修正した。

第二章　博士論文「世界遺産「白川郷」の近代――〈民なるもの〉の「文化遺産」化をめぐる言説と実践の諸相」（前掲）第一章、「世界遺産「白川郷」の「記憶」」（岩本通弥編『現代民俗誌の地平3　記憶』二〇〇三年、二〇四―二二七頁）、「世界遺産のまもり方――民家の移築保存と現地保存をめぐって」（飯田卓編『文化遺産と生きる』臨川書店、二〇〇七年、二三三―二六一頁）をもとに再構成した。

第三章　「世界遺産「白川郷」の「記憶」」（前掲）を加筆修正した。

第四章　「文化遺産の保存／活用装置としての民宿と女性労働――白川村荻町地区の事例から」（石森秀三・安福恵美子編『観光とジェンダー』国立歴史民族学博物館調査報告三七号、二〇〇三年、七一―九五頁）をもとに、一部加筆修正した。

第五章　「世界遺産の保全と住民生活――「白川郷」を事例として」（『環境社会学研究』一二号、二〇〇六年、二三―四〇頁）をもとに、「日本における文化的景観保護制度の展開と課題――グローバル・スタンダードの受容をめぐる日韓比較」（岩本通弥編『世界遺産時代の民俗学』風響社、二〇一三年、二七七―三〇二頁）の一部も加え、加筆修正した。

第六章　「世界遺産のまもり方――民家の移築保存と現地保存をめぐって」（前掲）をもとに、「「白川郷」で暮らす――世界遺産登録の光と影」（鈴木正崇編『アジアの文化遺産――過去・現在・未来』慶應義塾大学東アジア研究所、二〇一五年、三五九―三八六頁）の一部も加え、大幅に加筆修正した。

参考文献

相川春喜　一九三五「飛驒白川村『大家族制』の踏査並に研究　上」『歴史科学』四巻一〇号、一五一―一六五頁

青木隆浩　二〇一五「庄川流域における大規模開発と観光化による地域変化――研究史と開発史との関わりを中心に」『国立歴史博物館研究報告』一九三号、一一―四八頁

朝日新聞社　一九五一「〝合掌造り〟など『民家』も重要文化財に」『朝日新聞（東京版）』一九五一年十二月十日付朝刊

――　一九六一「維持できぬ〝合掌造り〟　買い上げ望む所有者」『朝日新聞（東京版）』一九六一年五月十二日付朝刊

足立重和　二〇〇〇「伝統文化の説明――郡上おどりの保存をめぐって」片桐新自編『歴史的環境の社会学』新曜社、一三二―一五四頁

――　二〇〇四「ノスタルジーを通じた伝統文化の継承――岐阜県郡上市八幡町の郡上踊りの事例から」『環境社会学研究』一〇号、四二―五八頁

有森英彦　一九二二「白川村に於ける大家族制度に就いて」『三田評論』二九八号、三五―三八頁（老川寛監修　二〇〇〇『家族研究論文資料集成　明治大正昭和前期篇　第七巻　大家族』クレス出版、所収）

アルヴァックス、M　一九八九『集合的記憶』小関藤一郎訳、行路社

アレクサンダー、エドワード・P　二〇〇二［一九八三］「博物館史研究ノート5　アーサー・ハゼリウスとスカンセン野外博物館」矢島國雄・本間与之訳、『Museum study 明治大学学芸員養成課程紀要』一四号、五

九—八〇頁
飯田卓編　二〇一七a　『文化遺産と生きる』臨川書店
——　二〇一七b　『文明史のなかの文化遺産』臨川書店
石原憲治　一九三四—一九四三　『日本農民建築』一—一六輯、聚楽社
板谷静夫所蔵資料　一九七六　「伝統的建造物群保存地区指定（選定）に関して荻町区民との懇談会経過報告」
岩竹美加子編訳　一九九六　『民俗学の政治性——アメリカ民俗学一〇〇年目の省察から』未來社
岩本通弥　一九九八　「民俗学と『民俗文化財』とのあいだ——文化財保護法における『民俗』をめぐる問題」『國學院雑誌』九九巻一一号、二一九—二三一頁
内海美佳・羽生冬佳・黒田乃生　二〇〇八　「白川村荻町における茅屋根葺き替えの現状と保存に関する考察」『ランドスケープ研究』七一巻五号、六九七—七〇〇頁
浦智佳司　一九八五　『民宿・ペンション経営のすべて』業種別経営実務シリーズ一九　経営情報出版社
江馬三枝子　一九三六　「三味線をひく村男——随筆風に」『ひだびと』四年二号、二一—五頁
大泉通地　一九六七　「合掌造りの保護と真の受け入れ体制を」『広報しらかわ』一九六七年五月号、四—五頁
大島暁雄　二〇〇七　『無形民俗文化財の保護——無形文化遺産保護条約にむけて』岩田書院
大田利展　一九九七　「創立二〇周年を振り返って」白川郷民宿業連絡協議会『創立二〇周年記念式典』一頁
大間知篤三　一九四三［一九三五］「御母衣の家刀自」『神津の花正月』六人社、一三五—一三七頁
岡村利平　一九一一　『飛騨山川』住伊書店
柿崎京一　二〇一一　「「守る会」結成に駆りたてた原動力はいかにして生成されたか」白川郷荻町集落の自然環境を守る会編『白川郷荻町集落の自然環境を守る住民憲章制定・守る会結成四〇周年（重要伝統的建造物群保存地区選定三五周年）記念誌　白川郷荻町集落四〇年のあゆみ——先人に学び、感謝し、時代につな

ぐ』白川村教育委員会、一二三―一二七頁
柿崎京一編集代表　二〇〇一『白川郷文化フォーラム'93　大家族制』白川村・白川村教育委員会
鹿嶋数一　二〇〇六、二〇〇七「合掌通信」一―九号、東山植物園緑地造園係
河上肇　一九八二［一九〇六年］「各県産業視察記」『河上肇全集　第三巻』岩波書店、三七六―四二〇頁
菊地暁　二〇〇一『柳田国男と民俗学の近代――奥能登のアエノコトの二十世紀』吉川弘文館
鬼頭素朗編　一九三五『本邦古代の奇習飛騨白川大家族を語る』郷土資料調査会
木下直之　二〇〇二「創刊の辞　人が資源を口にする時」『文化資源学』一号、一―五頁
岐阜県農会　一九〇九「農村調査白川村（飛騨国）」『岐阜県農会雑誌』二一巻六号、附録
木村美乃里　一九九七「あの頃を振り返って」白川郷民宿業連絡協議会『創立二〇周年記念式典』三頁
クリフォード、ジェイムズ、ジョージ・マーカス編　一九九六『文化を書く』春日直樹ほか訳、紀伊國屋書店
黒田乃生　二〇〇三「白川村荻町における文化的景観の保全に関する研究」『東京大学農学部演習林報告』一一〇号、七一―一五七頁
――　二〇〇七『世界遺産白川郷――視線の先にあるもの』筑波大学出版会
河野靖　一九九五『文化遺産の保存と国際協力』風響社
国土交通省河川局　二〇〇七「庄川水系河川整備基本方針」http://www.mlit.go.jp/kisha/kisha07/05/050629_2/05.pdf（二〇一五年九月十五日）
今和次郎　一九二二『日本の民家――田園生活者の住家』鈴木書店
近藤顧柳　一九〇九「斐太の白川」『風俗画報』三九八号、二一―二二頁、「斐太の白川　承前」『風俗画報』三九九、一九―二二頁、「斐太の白川　承前」『風俗画報』四〇〇号、八―一一頁、「大家族の系統実例」『風

俗画報』四〇二号、一八―二〇頁
才津祐美子　一九九六　「「民俗文化財」創出のディスクール」『待兼山論叢（日本学篇）』三〇号、四七―六二頁
――　一九九七　「そして民俗芸能は文化財になった」『たいころじい』一五号、二六―三二頁
――　二〇〇三ａ　「文化遺産の保存／活用装置としての民宿と女性労働――白川村荻町地区の事例から」石森秀三・安福恵美子編『観光とジェンダー』国立歴史民族学博物館、七一―九五頁
――　二〇〇三ｂ　「文化遺産と白川村――「白川郷」が記憶するもの」岩本通弥編『現代民俗誌の地平3　記憶』朝倉書店、二〇四―二二七頁
――　二〇〇三ｃ　「「白川郷」における世界遺産登録の影響について」『旅の文化研究所研究報告』一二号、一〇一―一〇八頁
――　二〇〇六ａ　「文化遺産の保護から考える環境としての文化」高多理吉ほか編『環境社会学への招待』ミネルヴァ書房、一六〇―一七一頁
――　二〇〇六ｂ　「世界遺産の保全と住民生活――「白川郷」を事例として」『環境社会学研究』一二号、二三―四〇頁
――　二〇〇八　「白川村発見――「大家族制」論の系譜とその波紋」小松和彦還暦記念論集刊行会編『日本文化の人類学／異文化の民俗学』法藏館、四三〇―四五一頁
――　二〇一〇　「近代日本における人文景観を中心とした「空間」の保存と活用の歴史的展開――文化財保護制度を中心として」『国立歴史民俗博物館研究報告』一五六号、一一三―一二五頁
――　二〇一二　「禁じられた酒造りと許された酒造りの間」ほろよいブックス編集部編『酒読み』社会評論社　八〇―九五頁。

――　二〇一三「日本における文化的景観保護制度の展開と課題」岩本通弥編『世界遺産時代の民俗学――グローバル・スタンダードの受容をめぐる日韓比較』風響社、二七七―三〇二頁
――　二〇一五「「白川郷」で暮らす――世界遺産登録の光と影」鈴木正崇編『アジアの文化遺産――過去・現在・未来』慶應義塾大学東アジア研究所、三五九―三八六頁
――　二〇一七「世界遺産のまもり方――民家の移築保存と現地保存をめぐって」（飯田卓編『文化遺産と生きる』臨川書店、二三三―二六一頁
サイード、エドワード・W　一九八六『オリエンタリズム』今沢紀子訳、平凡社
斎藤英俊　二〇〇一「歴史地区における修景の理念と方法――日独の事例を比較して」松井乃生・山田修編『白川郷合掌造り集落の景観――白川村荻町伝統的建造物群保存地区の景観に関する調査報告書』世界遺産白川郷合掌造り保存財団、八九―九五頁
斎藤英俊・松井乃生　二〇〇〇「白川村荻町伝統的建造物群保存地区の景観評価に関する調査・研究」調査報告会（二〇〇〇年七月十四日）資料
篠原徹　二〇〇六「棚田景観にみる歴史性と文化性の相違――中国・雲南省紅河州者米におけるタイ族・ヤオ族・アールー族」文化財研究所東京文化財研究所国際文化財保存修復協力センター編『叢書［文化財保護制度の研究］文化的景観の成立、その変遷（第一八回国際文化財保存修復研究会報告書）』五七―七三頁
白川郷荻町集落の自然環境を守る会編　一九九一『白川郷荻町集落二〇年のあゆみ（伝建選定一五周年）』白川郷荻町集落の自然環境を守る会
白川郷荻町集落の自然環境を守る会　二〇〇〇「景観保存基準におけるガイドライン」『白川村伝統的建造物群保存地区景観保存基準』白川村教育委員会、九―一〇頁
白川郷観光協会　一九九九「白川村観光協会設立趣意書」『三〇年のあゆみ』白川郷観光協会

白川郷民宿業連絡協議会　一九九七『創立二〇周年記念式典』
白川村史編さん委員会編　一九九八ａ『新編　白川村史』上巻、白川村
――　一九九八ｂ『新編　白川村史』中巻、白川村
――　一九九八ｃ『新編　白川村史』下巻、白川村
白川村社会科研究委員会編　一九九一『改訂増補版　ひだの白川』白川村教育委員会
白川村役場「合掌造りとは」http://shirakawa-go.org/kankou/siru/yomu/146/（二〇一五年九月十日）。
――「観光の際のお願い　マイカーで白川郷を訪れる皆様へ」http://shirakawa-go.org/kankou/onegai/o04/（二〇一九年十一月一日）
――「白川村の観光統計」http://shirakawa-go.org/mura/toukei/2580/（二〇一九年十二月十日）
白川村役場商工観光課　二〇〇二『古心巡礼』白川村
白川村役場総務課編　一九七二『広報しらかわ』一九七二年十一月号
杉本尚次　一九九八「民家の保存・再生・活用――移築型野外博物館を中心として」『民俗建築』一一三号、七六―八二頁
――　二〇〇二「野外民家博物館の一〇〇年――民家の生活復元展示をめぐって」『生活学第二六冊　住まいの一〇〇年』日本生活学会、二九六―三一〇頁
鈴口茂　一九九七「設立当時を顧みて」白川郷民宿業連絡協議会『創立二〇周年記念式典』四頁
世界遺産白川郷合掌造り保存財団　二〇〇一「世界遺産白川郷荻町合掌集落の概要（二〇〇一年十月版）」
――「財団の成り立ち」「事業内容について」http://shirakawa-go.org/zaidan/about.html#tf-about_details1（二〇一九年十二月二十日）
関野克・伊藤延男　一九五七「荘白川地方の建築について」『荘白川綜合学術調査報告書　上』岐阜県教育委

員会、一一五―一三八頁。
関本照男　一九九四「序論」関本照男・船曳健夫編『国民文化が生まれる時――アジア・太平洋の現代とその伝統』リブロポート、五―三二頁
総理府編　一九七〇『観光白書』昭和四五年度版／一九七五『観光白書』昭和五〇年度版／一九八一『観光白書』昭和五六年度版、大蔵省印刷局
タウト、ブルーノ　一九三九『日本美の再発見』篠田英雄訳、岩波書店
高木正義　一八九九「飛騨の白川村」『社会』一巻九号、七五九―七八七頁
高橋信裕　一九九二「資料発掘　皇紀二六〇〇年記念日本民族博物館設立建議案」『展示学』一三号、五六―六〇頁。
高橋秀実　一九九八「世界遺産指定で『白川郷』住民は大迷惑」『週刊文春』一九九八年八月十三・二十日号
竹内敏夫・岸田實　一九五〇『文化財保護法詳説』刀江書院
竹内芳太郎　一九八六［一九二三］「飛騨白川村の民家」民家研究会編『復刻　民家』一巻、柏書房、五一一―五一六頁、五四一―五四四頁、五六三―五六四頁、五八九―五九二頁
――――　一九七八『年輪の記――ある建築家の自画像』相模書房
――――　一九八六「刊行にあたって」民家研究会編『復刻　民家』一巻、柏書房、一―二頁
田中琢　二〇〇〇「現代社会と文化遺産」網野善彦ほか編『ヒトと環境と文化遺産――二一世紀に何を伝えるか』山川出版社、四―二〇頁
田原久　一九八〇「宮本馨太郎先生と文化財」『民間伝承』四四巻二号、一五―一五頁
――――　一九八五「文化財保護法と宮本先生」宮本馨太郎『民俗博物館論考』慶友社、二七九―二八九頁
田山花袋編　一九一一『新撰名勝地誌　巻之四　東山道西部』博文館

鉄脚坊・呑雲坊　一八九六　「本州横断探奇録」『讀賣新聞』七月三十日付、九月十・十一・十二・十四・十六・十八・二十二日付
東京毎日新聞社　一九〇九　「雪中の秘密境」『東京毎日新聞』十二月二十四日付
東京毎日新聞社　一九一〇　「雪中の秘密境」『東京毎日新聞』一月三・四・五・六・九・十・十一・十二・十三・十四・十六日付
富田礼彦編　一八七三　『斐太後風土記　巻之九』（蘆田伊人編輯・日本歴史地理学会校訂　一九一五　『斐太後風土記　上』大日本地誌大系第七冊、大日本地誌大系刊行会所収、二四八―三一一頁）
友岡正孝編　二〇一一　『改訂新版　戦前の風景スタンプ集』日本郵趣出版
鳥居龍蔵　一九〇五　「サンソン氏の飛騨行を送る」『讀賣新聞』七月十三日付
中川善之助　一九三〇　「東北地方に残る大家族――生活と部落共同態」山本三生編輯代表『日本地理大系第五巻　奥羽篇』改造社、二六一―二六三頁
長倉三朗　一九七四　「飛驒民俗村」『民具マンスリー』七巻一号、一四―一五頁
中里介山　一九七六　『大菩薩峠』筑摩書房
中谷哲二　二〇〇二　「天理にあった合掌造り民家――ある野外民家博物館的施設の軌跡」『天理参考館報』一五、五九―七九頁
長沼応陽編著　一九二五　『濃北の郷土と荘白川の山郷』岐阜日日新聞社
西村幸夫　一九九七　『環境保全と景観創造――これからの都市風景へ向けて』鹿島出版会
西山徳明　一九九五　『観光開発地域における文化変容と演出設計および景観管理計画に関する研究』（学位〈博士〉申請論文、京都大学）
――　二〇〇一　「ヘリテージ・ツーリズムと歴史的環境の保全――白川村合掌集落における自律的観光

の実現と課題」石森秀三・西山徳明編『ヘリテージ・ツーリズムの総合的研究』国立民族学博物館調査報告二一、六一―八〇頁
日本民家集落博物館編　二〇〇六『日本民家集落博物館　開館五十周年記念誌』財団法人大阪府文化財センター
日本民俗建築編集委員会　一九七八「民家研究をふりかえって」『民俗建築』七六号、六頁
日本郵趣協会　二〇一七『風景印大百科一九三一―二〇一七』日本郵趣出版
野村正治　一九三一「白川村大家族制の現状」『飛驒史壇』一〇巻七号、一―一〇頁
博聞雑誌社「飛驒国白川村」一八八八『博聞雑誌』二四号、一三五―一三六頁
橋本裕之　一九九六「保存と観光のはざまで――民俗芸能の現在」山下晋司編『観光人類学』新曜社、一七八―一八八頁
――　二〇〇一「文化財行政と民俗学：狭められた二元論――民俗行政と民俗研究」『日本民俗学』二二七号、二五三―二六六頁
濱田琢司　二〇〇七「民芸」濱田琢司監修『民芸』あたらしい教科書一一、プチグラパブリッシング、七―四七頁
――　二〇一〇「コラム「民芸」と商業建築」濱田琢司ほか『民芸運動と建築』淡交会、一一一頁
飛驒人物事典編集室　二〇〇〇『飛驒人物事典』高山市民時報
俵木悟　一九九七「民俗芸能の実践と文化財保護政策――備中神楽の事例から」『民俗芸能研究』二五号、四二―六三頁
――　二〇一八『文化財／文化遺産としての民俗芸能――無形文化遺産時代の研究と保護』勉誠出版
平瀬小学校　一九三二「大家族制に就て」『岐阜県教育』四五〇号、一〇七―一一九頁

藤島亥治郎　一九三六「飛驒白川・荘川村紀行（二）」『建築知識』二巻一〇号、一七―二三頁
藤森照信　一九八九「解説」今和次郎『日本の民家』岩波文庫、三三三―三五一頁
藤森峯三　一八八八「飛驒ノ風俗及其他」『東京人類學會雜誌』三巻二九号、三〇五―三一一頁
文化庁　二〇〇一『文化財保護法五十年史』ぎょうせい
文化庁「白川郷・五箇山の合掌造集落（世界遺産登録年：一九九五年）」http://bunka.nii.ac.jp/jp/world/h_04.html（二〇一九年九月一日）
堀内新泉　一九〇四「高山流水」『讀賣新聞』九月六・七・八・九・十二・十三・十六・二十・二十二・二十三・二十五・二十七・二十八・二十九日付、十月一・二・四・五・八・十・十一・十二・十三・十四・十五・十六・二十・二十二・二十三・二十四・二十六日付
本庄栄治郎　一九一一「飛騨白川ノ大家族制」『京都法学会雑誌』六巻三号、一三〇―一五六頁
松井乃生　二〇〇〇「白川村荻町伝統的建造物群保存地区の景観評価に関する調査・研究」調査報告会（七月十四日）資料「白川村荻町伝統的建造物群保存地区の価値となる景観要素・価値を阻害する景観要素」
松井乃生・山田修編　二〇〇一『白川郷合掌造り集落の景観――白川村荻町伝統的建造物群保存地　区の景観に関する調査報告書』（財）世界遺産白川郷合掌造り保存財団
松田京子　二〇〇三『帝国の視線』吉川弘文館
三島正英　一九二二［一八三二］「白川奇談　上」『飛驒史壇』七巻七号、二六―三二頁
水口恵・富山博　一九九八「飛騨合掌造り民家の移築保存と再生に関する研究」『日本建築学会東海支部研究報告集』三六号、七六一―七六四頁。
宮本常一　一九七五「民俗神事保護への疑義」『朝日新聞』一九七五年五月二十四日付夕刊
宮澤智士　一九七五「町並保存の問題点」奈良国立文化財研究所編『高山――町並調査報告』奈良国立文化

財研究所学報二四、奈良国立文化財研究所、五四―六七頁
―――　二〇〇五　『白川郷合掌造Q＆A』智書房
武藤山治　一九六三　『武藤山治全集』一巻、新樹社
本中眞　一九九五　「世界遺産の『文化的景観』に関する諸問題」『月刊文化財』三八一号、二一―三八頁
森山工　二〇一四　「文化資源　使用法――植民地マダガスカルにおける「文化」の「資源化」」山下晋司編『資源化する文化』資源人類学〇二、弘文堂、六一―九一頁
野外博物館 合掌造り民家園「暮らしと風土」http://www.shirakawago-minkaen.jp/culture（二〇一五年九月二十日）
躍進日本大博覧会協賛会編　一九三六　『躍進大岐阜の観光と産業』藤井順太郎（出版者）
柳田國男　一九九八［一九〇九］「木曾から五箇山へ」『柳田國男全集』六巻、筑摩書房、四六―五七頁
―――　二〇〇一［一九二七］「農村家族制度と慣習」『柳田國男全集』二六巻、筑摩書房、三七三―三八二頁
―――　一九四二　「著者に贈る言葉」江馬美枝子『飛騨の女たち』三國書房（江馬美枝子　一九九六　『飛騨白川村　新装版』未来社所収、一七三―一七五頁）
山崎直方・佐藤伝蔵編　一九〇四　『大日本地誌巻三　中部』博文館
山崎弘泰　一八七三［一八四一］「山分衣」富田礼彦編纂『斐太後風土記　巻之九』（蘆田伊人編輯・日本歴史地理学会校訂　一九一五　『斐太後風土記　上』大日本地誌大系第七冊、大日本地誌大系刊行会所収、二八二―二九二頁）
山下晋司　二〇一四　「序――資源化する文化」山下晋司編『資源化する文化』資源人類学〇二、弘文堂、一三―二四頁

結城朝充　一八七七『白川日記』（岐阜県立図書館蔵）
横浜市歴史博物館・神奈川大学日本常民文化研究所編　二〇〇二『屋根裏の博物館――実業家渋沢敬三が育てた民の学問』横浜市歴史博物館・横浜市ふるさと歴史財団
UNESCO Headquarters　1994 Expert Meeting on the "Global Strategy" and thematic studies for a representative World Heritage List
UNESCO WHC　Global　Strategy　http://whc.unesco.org/en/globalstrategy（二〇一一年九月八日）

人名索引

事項・作品名索引

あ　行

か　行

さ　行

た 行

な 行

や　行

ら　行

カバー写真一覧

表紙上部：「白川郷」を代表する景観――実は移築民家によって意図的に創られたもの（2007年9月19日、著者撮影）

表紙下部右：国際茅葺フォーラム「ユイの屋根葺きワークショップ」（2019年5月19日、著者撮影）

表紙下部左：白川八幡神社例祭の獅子舞（2004年10月15日、著者撮影）

裏表紙上部：観光客に人気のある雪景色（2011年12月24日、著者撮影）

裏表紙下部右：村営駐車場から荻町地区に続くであい橋（2010年11月7日、著者撮影）

裏表紙下部左：著者がお世話になった大田隆子さんと愛犬・リンちゃん（2005年8月30日、著者撮影）

著者紹介

才津祐美子（さいつ ゆみこ）
長崎県生まれ。大阪大学大学院文学研究科博士後期課程単位取得後退学。博士（文学）。現在、長崎大学人文社会科学域（多文化社会学部・大学院多文化社会学研究科）教授。専門分野は、民俗学・文化人類学。
共著書；『文化遺産と生きる』（臨川書店、2017年）、『長崎――記憶の風景とその表象』（晃洋書房、2017年）、『アジアの文化遺産――過去・現在・未来』（慶應義塾大学東アジア研究所、2015年）、『世界遺産時代の民俗学――グローバル・スタンダードの受容をめぐる日韓比較』（風響社、2013年）など。

長崎大学多文化社会学叢書 1

世界遺産「白川郷」を生きる
リビングヘリテージと文化の資源化

初版第1刷発行　2020年3月31日

著　者　才津祐美子
発行者　塩浦　暲
発行所　株式会社　新曜社
〒101-0051　東京都千代田区神田神保町3-9
電話（03）3264-4973（代）・FAX（03）3239-2958
E-mail：info@shin-yo-sha.co.jp
URL：https://www.shin-yo-sha.co.jp/

印　刷　長野印刷商工（株）
製　本　積信堂

ISBN978-4-7885-1677-9　C1038